आखिर क्यों असफल होते हैं छात्र?

एस हुण्डिवाला

अरिहन्त पब्लिकेशन्स (इण्डिया) लिमिटेड

अरिहन्त पब्लिकेशन्स (इण्डिया) लिमिटेड

सर्वाधिकार सुरक्षित

ॐ © लेखक

इस पुस्तक के किसी भी अंश का पुनरुत्पादन या किसी प्रणाली के सहारे पुनर्प्राप्ति का प्रयास अथवा किसी भी तकनीकी तरीके — इलेक्ट्रॉनिक, मैकेनिकल, फोटोकॉपी, रिकॉर्डिंग या वेब माध्यम — से प्रकाशक की अनुमति के बिना वितरित नहीं किया जा सकता है। 'अरिहन्त' ने अपने प्रयास से इस पुस्तक के तथ्यों तथा विवरणों को उचित स्रोतों से प्राप्त किया है। पुस्तक में प्रकाशित किसी भी सूचना की सत्यता के प्रति तथा इससे होने वाली किसी भी क्षति के लिए प्रकाशक, सम्पादक, लेखक अथवा मुद्रक जिम्मेदार नहीं हैं।

ॐ वाणिज्यिक कार्यालय — 4577/15, अग्रवाल रोड, दरिया गंज, नई दिल्ली-110002
फोन : 011-47630600, 23280316; फैक्स : 011-23280316

मुख्य कार्यालय — कालिन्दी, टी०पी० नगर, मेरठ (यूपी)-250002
फोन : 0121-2401479, 2512970, 4004199; फैक्स : 0121-2401648
सभी प्रतिवाद का न्यायिक क्षेत्र 'मेरठ' होगा।

ॐ शाखा कार्यालय
आगरा, अहमदाबाद, बंगलुरू, भुवनेश्वर, चेन्नई, दिल्ली (I & II), गुवाहाटी, हल्द्वानी, हैदराबाद, जयपुर, कोलकाता, कोटा, लखनऊ, नागपुर, मेरठ तथा पटना

ॐ ISBN

978-81-8348-217-2

टाइप सेट : अरिहन्त डीटीपी यूनिट, मेरठ

Printed & Bound in India
by Arihant Publications (India) Limited

'अरिहन्त' के प्रोडक्ट्स के बारे में अधिक जानकारी के लिए हमारे वेबसाइट **www.arihantbooks.com** पर लॉग इन करें या **info@arihantbooks.com** पर सम्पर्क करें।

मेरा अहो भाग्य ....

आपके हाथों में यह पुस्तक मुख्य रूप से छात्र जीवन के सन्दर्भ में, बहुत सरल भाषा में लिखी एक ऐसी पुस्तक है जिसमें यह परिलक्षित करने का प्रयास किया गया है कि **''आखिर क्यों असफल होते हैं छात्र''** ?

बाजार में बहुत सारी ऐसी पुस्तकें उपलब्ध हैं जो उपदेशात्मक भाषा में विभिन्न क्षेत्रों में सफलता प्राप्त करने के गुरुमंत्र आपको देती हैं। ऐसे गुरुमंत्रों में आत्मविश्वास, आत्मबल, कठिन मेहनत इत्यादि वैयक्तिक गुणों को सफलता हेतु आवश्यक बताया गया होता है, लेकिन असफलता हेतु विभिन्न कारकों का विश्लेषण नहीं मिलता।

आज का छात्र, जिस प्रकार के वातावरण में परवरिश पा रहा है, उस वातावरण का, उसके द्वारा किए जा रहे सफलता के प्रयासों पर क्या असर पड़ता है? इसका आँकलन करने का प्रयास इस पुस्तक में किया गया है।

इस पुस्तक में छात्र की असफलता के लिए जिम्मेदार विभिन्न वैयक्तिक अवगुणों, सामाजिक परिवेश एवं वर्तमान वातावरण के विभिन्न बिन्दुओं का सटीक विश्लेषण करने का प्रयास किया गया है।

छात्र सफल कैसे हो सकता है? इस पर उपदेश/सलाह/राय/मंतव्य प्रकट करने वाले बहुत मिल जाएँगे, लेकिन एक छात्र क्यों असफल होता है? इस पर न तो छात्र कभी गम्भीरता से विचार करता है और न कभी अभिभावकगण ही इस बिन्दु पर छात्र के साथ कभी विचार करते देखे गए हैं।

मेरा मानना है कि जीवन में सफलता प्राप्ति हेतु, यह जानना बहुत आवश्यक है कि—आखिर हम असफल क्यों होते हैं?

छात्र की असफलता हेतु वह अकेला जिम्मेदार नहीं है। छात्र का पारिवारिक परिवेश, सामाजिक तंत्र, वर्तमान वातावरण एवं उसके संस्कारित वैयक्तिक गुणों की, छात्र की सफलता/असफलता में बहुत अहम् भूमिका होती है।

मेरा विनम्र निवेदन है कि, इस पुस्तक में उठाए गए बिन्दुओं पर अपनी राय मुझे अवश्य लिखें। यदि यह पुस्तक छात्रों के जीवन में कुछ सकारात्मक परिवर्तन लाने में सफल हो सकी तो

यह मेरा अहो भाग्य होगा !

सकारात्मक एवं रचनात्मक सुझाव विशेष आग्रह से आमंत्रित कर रहा हूँ।

एस हुण्डिवाला

129-साउथ वेस्ट ब्लॉक
ईदगाह पास, अलवर-301001
टेलीफोन : 0144-2700438

विषय-सूची

आखिर क्यों ! असफल होते हैं छात्र — 1-28

* पूर्ण तैयारी का न होना — 4
* समय प्रबन्धन — 6
* मानसिक तनाव — 14
* प्रश्न-पत्र हल करने की तकनीक का अभाव — 23
* प्रश्न-पत्र सम्बन्धित पूर्ण जानकारी का अभाव — 26
* अन्य कारण — 27

छात्रों की असफलता के अन्य महत्त्वपूर्ण कारण — 29-49

* स्वयं की कमजोरियों एवं कमियों का आंकलन करने की असमर्थता — 30
* सफलता के छोटे मार्गों में विश्वास — 32
* ऊँची महत्त्वाकांक्षाएँ—कमजोर नींव — 33
* जहरीला वातावरण—असफलता का सबसे बड़ा कारण — 35
* बुरी आदतें—बुरी संगत—अपव्यय — 37
* निरन्तर मेहनत न कर पाना — 39
* प्रेम—प्यार एवं छात्र जीवन — 42
* दृढ़ निश्चय की कमी—घटता आत्मविश्वास — 44
* अन्य छात्रों का अनुसरण/नकल — 45
* अन्य गतिविधियाँ — 46
* समूह में पढ़ाई — 47
* भाग्यवादी रवैया — 48

लक्ष्यहीनता असफलता की सीढ़ी — 50-80

* लक्ष्य निर्धारण के लाभ — 51
* नकारात्मक सोच—असफलता की चाबी — 53
* आत्महीनता—असफलता का एक प्रमुख कारण — 56
* चरित्रहीनता—असफलता की जनक — 58
* छात्र—जीवन एवं चारित्रिक निष्ठा — 59
* पिता के पद या पैसे का मद—असफलता का सहोदर — 60
* अपव्यय—पथभ्रष्टता का पर्याय — 61

◆ अश्लील सामग्री–असफलता की अभिन्न मित्र — 62
◆ विकृत पहनावा–खोले असफलता के द्वार — 64
◆ असफलता–अभिशाप या वरदान — 66
◆ अनुशासनहीनता–असफलता से नजदीकी — 67

असफलता रूपी महारानी की मन्त्रिपरिषद् के सदस्यगण

1. आलस्य — 70
2. अभिमान — 71
3. टालूपन — 72
4. क्रोध — 73
5. ईर्ष्या — 74
6. प्रतिशोध — 76
7. बेइमानी — 77
8. पराश्रय — 78
9. जल्दबाजी या उतावलापन — 79
10. लापरवाही — 80

परीक्षा हेतु प्रभावी तकनीकें — 81-111

◆ परीक्षा से पूर्व — 81
◆ परीक्षा के दिन की तैयारियाँ — 84
◆ परीक्षा देते समय — 86
◆ परीक्षा समाप्ति पर — 89
◆ परीक्षा के बाद — 89
◆ छात्रों के प्रकार एवं अध्ययन कौशलता — 90
◆ विभिन्न अध्ययन शैलियाँ — 92
◆ SQ3R अध्ययन का तरीका — 95
◆ नोट्स तैयार करना — 98
◆ असफल छात्र, सफलता प्राप्त करने हेतु — 100
◆ यह समय फिर कभी नहीं आएगा — 104
◆ लक्ष्य को पूरा करने हेतु संकल्प तो लें — 106
◆ ज्ञान ही शक्ति है — 108
◆ मधुर एवं संयमित वाणी — 109

सफलता के सूत्र — 112-188

◆ अच्छे अंक पाना ही सफलता का मानदण्ड नहीं — 113
◆ आत्महत्या क्यों ? — 114
◆ अभिभावक समझें — 115
◆ टीचर्स समझें — 116

* रिश्तेदार समझें — 116
* विद्यार्थी गौर करें — 117
* हार न मानें — 117

अभिभावकों हेतु दो शब्द — 119-128

* बच्चों को प्रताड़ित न करें — 120
* स्वयं का आचरण सुधारें — 120
* किशोरवय बच्चों को भटकने से बचाएँ — 121
* बच्चों में आर्थिक अनुशासन लागू करें — 123
* बच्चों को दण्डित न करें–मार्गदर्शक बनें — 124
* बच्चों को आत्मनिर्भर बनने दें — 124
* बच्चों का आत्मविश्वास जगाएँ — 125
* बच्चों को क्या खिलाएँ — 126

इन सफल व्यक्तित्व से सीखें — 129-176

* विश्वनाथन आनन्द — 129
* डेल कारनेगी — 133
* सैमुअल जॉनसन — 134
* श्री करसनभाई पटेल — 135
* धीरुभाई अम्बानी — 136
* डॉ. ए. पी. जे. अब्दुल कलाम — 138
* डॉ. अमर्त्य सेन — 139
* लक्ष्मी निवास मित्तल — 140
* रोजर बैनिस्टर — 141
* लांस आर्मस्ट्राँग — 142
* घनश्याम दास बिड़ला — 143
* हैनरी फोर्ड — 144
* ई. शरत बाबू — 145
* एन. आर. नारायणमूर्ति — 146
* सर आइजेक न्यूटन — 148
* कार्ल मार्क्स — 149
* चार्ल्स डिकेन्स — 150
* ग्राहम बेल — 151
* माइकल फैराडे — 152

- स्टीफन किंग — 153
- जार्ज बर्नार्ड शॉ — 154
- अब्राहम लिंकन — 155
- बेन्जामिन फ्रेंकलिन — 156
- किंग कैम्प जिलेट — 157
- जे. के. रोलिंग — 158
- जॉर्ज वाशिंगटन 'कारवर' — 159
- डा. विजयपत सिंघानिया — 160
- डोमिंगो फास्टिनो सारमिंटो — 163
- एस. बी. फुल्लर — 164
- डोरोथी डिक्स — 164
- क्लेम लैबिन — 165
- वीर शिवाजी, महाराजा रणजीत सिंह
- अष्टावक्र, चाणक्य, सुकरात — 166
- सानिया मिर्जा — 167
- विन्स्टन चर्चिल — 168
- शाह अशरफ अली — 170
- अर्नेस्ट हेमिंग्वे — 171
- योग गुरु बाबा रामदेव — 172
- अल्बर्ट आइंस्टीन — 173
- सुप्रसिद्ध अंग्रेज अभिनेता 'टाल्या' — 173
- सुनीता विलियम्स — 174
- मुहम्मद अली — 175
- डेमोस्थनीज — 175

कार्य योजना — 176

आखिर क्यों! असफल होते हैं छात्र

यहाँ इस पुस्तक में **छात्र** से आशय उन छात्र-छात्राओं से है जिनके लिए सफलता, असफलता का महत्त्व है। वैसे तो KG में पढ़ने वाला हर बच्चा भी छात्र की श्रेणी में आता है, लेकिन इस पुस्तक में हम उन छात्र-छात्राओं के सन्दर्भ में ही बात करेंगे, जिनके लिए किसी शैक्षणिक या प्रतियोगिता परीक्षा में सफल या असफल होना, उनके भविष्य निर्माण, व्यवसाय चयन में महत्त्वपूर्ण होता है। अर्थात् हम ऐसे नवयुवकों की समस्याओं का आँकलन करने का प्रयास करेंगे जो, किसी परीक्षा में सफलता प्राप्त करने हेतु, पुरजोर प्रयास करते हैं, लेकिन असफल रहते हैं।

अधिकांश छात्र, किसी परीक्षा में सफलता प्राप्त करने हेतु न केवल स्वयं अपनी क्षमतानुसार परिश्रम करते हैं, बल्कि ट्यूशन करते हैं एवं कोचिंग इंस्टीट्यूट में भी प्रवेश लेते हैं। बहुत-से छात्र तो अच्छे कोचिंग इंस्टीट्यूट में प्रवेश लेने हेतु, दूसरे शहरों में जाकर, अकेले रहकर, किसी विशेष परीक्षा में सफलता प्राप्त करने हेतु, अपनी क्षमता/योग्यतानुसार प्रयासरत रहते देखें गए हैं। इसमें न केवल अच्छे-खासे धन का व्यय होता है, बल्कि बहुत-से छात्र असफल भी हो जाते हैं।

यहाँ **असफल** का अर्थ, उन छात्र-छात्राओं से है, जो किसी विशेष परीक्षा में इतने अंक नहीं ला पाते, जितने उनके चयन हेतु आवश्यक हैं। सफल एवं असफल को यहाँ सापेक्षतया समझना होगा। जिन्हें असफल कहा जाता है, हो सकता है उनके अंकों में सफल छात्र से मात्र एक-दो या पाँच अंकों का ही अन्तर हो लेकिन उस परीक्षा के दृष्टिकोण से वह असफल ही हैं।

असफल छात्र ने, हो सकता है उस परीक्षा में 90% या 95% अंक अर्जित किए हों, लेकिन यदि 20 छात्रों का ही चयन किया जाना है और अन्य 20 छात्रों के अंक उससे अधिक हैं तो वह असफल ही माना जाएगा।

यह युग प्रतियोगिता का युग है। यहाँ आपको **सफल** होने के लिए, अन्यों के सन्दर्भ में सापेक्षतया अधिक अंक अर्जित करने हैं, तभी आप सफल हैं अन्यथा आप असफल माने जाएँगे।

> *Success is not an absolute, but a relative concept in the present competitive world.*

ऐसा भी देखा गया है कि कई छात्र एक बार किसी परीक्षा में असफल छात्रों के सन्दर्भ में मात्र कुछ अंकों से अन्तर के कारण असफल हो जाते हैं। वे सफल होने हेतु पुन: उसी परीक्षा में बैठते हैं, ऐसे कई छात्र फिर असफल हो जाते हैं।

> *The ultimate measure of a man is not where he stands in moments of comfort and convenience, but where he stands at time of challenge and controversy.*
>
> **Martin Luther King**

आखिर क्यों असफल होते हैं छात्र? इस महत्त्वपूर्ण प्रश्न के उत्तर के लिए हमने बहुत-से छात्रों से पूछा—**आप असफल क्यों हुए?**

हमें निम्न **उत्तर** *प्राप्त हुए*

1. पूरी तैयारी नहीं कर सके।
2. पेपर का पैटर्न बदल गया।
3. इस बार पिछले वर्ष वाले तीन प्रश्न पुनः दोहराए गए।
4. प्रश्नों के उत्तर तो आते थे, लेकिन समय कम रहा।
5. जो पढ़ा था वह तो बहुत कम आया, तो छोड़ दिया अर्थात् जो नहीं पढ़ा वह ही अधिकांशतया आ गया।
6. सब कुछ आता था लेकिन पता नहीं क्या हुआ, घबराहट हो गई, कुछ लिख ही नहीं पाया।
7. प्रश्न-पत्र तो सरल था, लेकिन कई प्रश्न छोटी-सी कैल्कुलेशन में गलती के कारण गलत हो गए।
8. प्रश्न-पत्र मिलते ही, सब कुछ भूल गया।
9. पिछली रात नींद ही नहीं आई, अतः परीक्षा देते समय दिमाग ने पूर्ण क्षमतानुसार काम नहीं किया।
10. शुरू में दो-तीन गलत प्रकार के प्रश्न, जो दिखने में बहुत सरल प्रतीत होते थे, उनको हल करने लगा, जिनमें बहुत समय लग गया। फिर अन्य प्रश्न जल्दी-जल्दी करने के प्रयास में गलतियाँ हो गईं।
11. शुरू के दो प्रश्नों को पूरा करने में ही मुझे दो घण्टे लग गए, शेष प्रश्न (तीन) कर तो आया लेकिन अच्छी तरह नहीं कर सका।
12. प्रश्न-पत्र बहुत कठिन था, ऐसे प्रश्न आ गए जो हमने कभी पढ़े ही नहीं।
13. वस्तुनिष्ठ प्रकार के प्रश्नों का उत्तर लिखते समय, गलत क्रम संख्या से उत्तर लिखना शुरू कर दिया, जिसका ध्यान तब आया जब मैं आधा प्रश्न-पत्र हल कर चुका था उन सभी उत्तरों को ठीक करने में बहुत समय खराब हो गया।
14. पहला प्रश्न करना अनिवार्य था, मैं उसका ही जवाब लिखना भूल गया, उसके अतिरिक्त पाँच प्रश्न हल कर आया। (प्रश्न-पत्र को ढंग से पढ़ा नहीं)

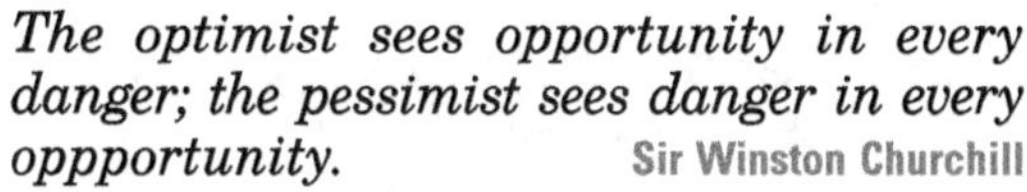

15   प्रश्न-पत्र में नेगेटिव मार्किंग हेतु लिखा था। मैं कई ऐसे प्रश्न छोड़ आया जिनके बारे में मुझे थोड़ा-सा भी सन्देह था।

16   मेरी प्रश्न हल करने की/लिखने की स्पीड बहुत कम है अतः मैं पूरा प्रश्न-पत्र हल नहीं कर सका।

17   सर्वप्रथम मैंने वे सभी प्रश्न हल किए, जो मुझे आते थे, इसके बाद शेष बचे सभी वस्तुनिष्ठ प्रश्नों के उत्तर, जो ठीक-से लगे वहीं अनुमान से लिख आया। बाद में ज्ञात हुआ कि प्रश्न-पत्र में नेगेटिव मार्किंग होनी थी।

18   रास्ते में मेरा स्कूटर खराब हो गया, अतः मैं परीक्षा भवन देर से पहुँच सका।

19   दो दिन पूर्व अचानक मुझे बुखार हो गया था, मैं सही तरीके से परीक्षा नहीं दे सका।

उक्त समस्त कारणों को मोटे तौर पर निम्न शीर्षकों में सम्मिलित किया जा सकता है—

1   पूर्ण तैयारी का न होना

इसका अर्थ है आपने जो परीक्षा दी है, उस हेतु आप द्वारा जो तैयारी की गई थी वह अपर्याप्त थी। यदि ऐसा है तो सफलता की आशा रखना ही गलत है।

> *किसी अभीष्ट कार्य को पूर्ण करने हेतु जितने श्रम,*
> *लगन एवं निष्ठा की आवश्यकता है यदि इनमें कमी*
> *है तो सफलता की कामना करना, दिन में सपना*
> *देखने के समान है।*

इस शीर्षक को पुनः पढ़ें इसमें शब्द **पूर्ण तैयारी** काम में लिए गए हैं। बहुत कम छात्र पूर्ण तैयारी का अर्थ पूर्णरूपेण समझते हैं।

पूर्ण तैयारी का क्या अर्थ है?

निम्न बिन्दुओं पर गौर करें–

- क्या आप यह समझते हैं कि ''इस परीक्षा हेतु मुझे जो कुछ तैयारी करनी चाहिए थी, मैं कर चुका हूँ।'' अर्थात् आप अपनी क्षमतानुसार/योग्यतानुसार जो अधिकतम कर सकते थे, आपने कर लिया है।

- क्या आप यह सोचते हैं कि ''मैंने पढ़ाई तो खूब की है, कोचिंग भी की थी, पर पेपर का भरोसा नहीं, कुछ भी आ सकता है।''

यदि आप पहले बिन्दु के अनुसार सोचते हैं तो आपके सफल होने की सम्भावना बहुत अधिक हैं। लेकिन यदि आपकी सोच दूसरे बिन्दु के अनुसार है तो आप कहीं न कहीं स्वयं में कमजोरी महसूस कर रहे हैं। अधिकांश छात्र दूसरे बिन्दु के अनुसार सोचते हैं। यह सत्य है कि प्रश्न-पत्र कैसा आयेगा, यह कोई नहीं बता सकता। लेकिन हमने आपको शुरु में बताया है कि इस प्रतियोगिता के युग में सफलता-सापेक्ष (Relative) है। यदि कोई प्रश्न किसी को भी नहीं आता है तो आपको कोई फर्क नहीं पड़ेगा।

> *A strong positive mental attitude will create more miracles than any wonder drug.*
> — Patricia Neal

मुख्य बात है कि अन्य बहुत-से छात्र उन प्रश्नों को हल कर पाते हैं लेकिन आप नहीं कर पाते तो आप सापेक्ष रूप से अन्य से पिछड़े रहे हैं।

मैंने बहुत से छात्रों को **सामान्य ज्ञान** एवं **अंग्रेजी वस्तुनिष्ठ शब्द कोश** के प्रश्न-पत्रों के सन्दर्भ में यह कहते हुए सुना है, इन प्रश्न-पत्रों की कितनी भी पढ़ाई कर लो, पूर्ण नहीं हो सकती है। हर तरह की जानकारी सामान्य ज्ञान के प्रश्नों में पूछी जा सकती है, अंग्रेजी शब्द कोष का भी कोई अन्त नहीं है।

छात्रों द्वारा किए गए उक्त कथन असत्य भी नहीं हैं, लेकिन इसके बावजूद, कुछ छात्रों के उक्त विषय में अंक आपसे अधिक आते हैं इसका अर्थ हुआ कि, उनका अध्ययन आपके अध्ययन की अपेक्षा अधिक रहा है। ऐसे छात्रों ने यह सोचकर कि इन विषयों का अन्त नहीं है, हार नहीं मानी, बल्कि वे अपनी क्षमता/योग्यता के अनुसार जो कुछ अधिकतम पढ़ सके, तैयारी कर सके, उन्होंने की और इसीलिए, आपकी अपेक्षा, वे सफल होने के ज्यादा हकदार हैं।

> *असफल व्यक्ति अपनी असफलता के लिए कोई न कोई बहाने तलाशते हैं जबकि सफल व्यक्ति अपनी असफलता को दूर करने हेतु अधिक परिश्रम, लगन एवं निष्ठापूर्वक नए-नए तरीके ढूँढते हैं।*

असफल छात्रों द्वारा अपनी असफलता के लिए मुख्यतया निम्न कारणों को जिम्मेदार ठहराया जाता है

- मेहनत तो बहुत की पर, इस बार प्रश्न-पत्र का पैटर्न ही बदल गया।

- इस बार 25% प्रश्न-पत्र तो पिछले वर्ष वाले ही दोहराए गए, जो आज तक नहीं हुआ। *(क्या ऐसा कोई नियम है कि पिछले वर्ष के प्रश्न-पत्र में आए प्रश्नों को इस बार पुनः नहीं पूछा जा सकता है? सफल होने वाले छात्रों ने भी यही प्रश्न-पत्र हल किया है।)*

- इस बार जैसा कठिन प्रश्न-पत्र तो कभी आया ही नहीं।

- अधिकांश प्रश्न, ऐसे विषयों पर पूछे गए जो बिल्कुल महत्त्वहीन थे, मैं दुर्भाग्य से उन्हें तैयार नहीं कर सका। *(क्या यह दुर्भाग्य है? क्या आप यह नहीं समझते हैं कि आजकल प्रश्न-पत्र इसी तरीके से बनाए जाते हैं? आजकल केवल अध्ययन से काम नहीं चल सकता।)*

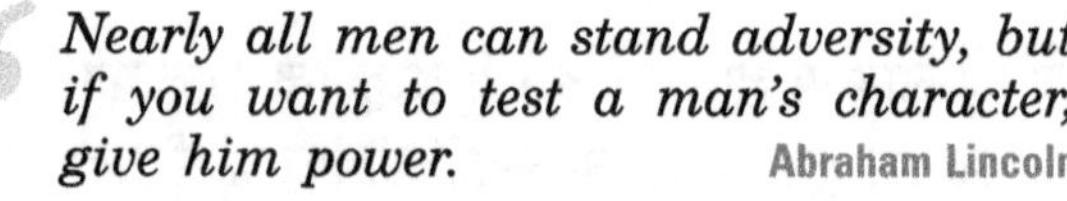

Nearly all men can stand adversity, but if you want to test a man's character, give him power.
Abraham Lincoln

Extensive and Comprehensive study is the base of Success.

2 समय प्रबन्धन

समय प्रबन्धन (Time Management) बहुत ही व्यापक परिकल्पना (Concept) है। इसमें किसी भी परीक्षा की तैयारी शुरू करने से लेकर, प्रश्न-पत्र हल करने तक 'समय-प्रबन्धन' कैसे किया जाए, सभी बिन्दु समाहित होते हैं। आज का अधिकांश छात्र-वर्ग, **समय**  **की कमी** से जूझता नजर आता है। बहुत-से महत्त्वाकांक्षी छात्र, अपनी शैक्षिक योग्यता पूरी करते समय ही, किसी प्रतियोगी परीक्षा या उच्च शिक्षा प्राप्त करने हेतु दी जाने वाली परीक्षा जैसे—Engineering, Medical, Management इत्यादि की परीक्षा देने की चाह रखते हैं। ऐसी स्थिति में **'कुशल समय प्रबन्धन'** की आवश्यकता बहुत बढ़ जाती है।

ध्यान रखें

यदि आप ऐसा करते हैं तो आपको कम-से-कम एक वर्ष पूर्व से ही इस हेतु तैयारी करनी होगी। गर्मी की छुट्टियों का पूर्ण सदुपयोग भी करना होगा।

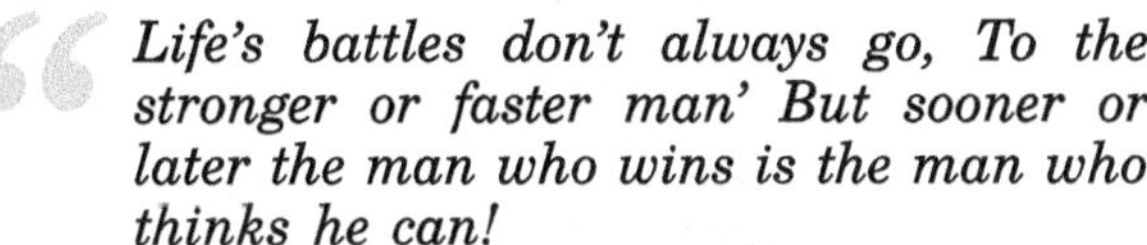

बहुत से छात्रों से जब यह पूछा गया कि आपकी दिनचर्या क्या है?

कुछ इस तरह का जवाब सामने आया—

मैं सुबह 7 बजे उठता हूँ फिर 8 बजे तक दैनिकचर्या से निवृत होकर, चाय-नाश्ता करके 9 बजे ट्यूशन चला जाता हूँ। वहाँ से 10:30 बजे तक वापस आकर, खाना खाकर, 11:30 कॉलेज/स्कूल चला जाता हूँ। वहाँ से आने में 7:30 बज जाते हैं फिर आराम करता हूँ, टीवी इत्यादि देखता हूँ, 9:30 बजे खाना खाता हूँ फिर 10 से 11 बजे तक पढ़ता हूँ, और सो जाता हूँ।

यह आज के छात्र की सामान्य दिनचर्या है। समय का अभाव स्पष्ट दृष्टिगोचर है।

जब इस छात्र से यह पूछा गया है—

''कॉलेज/स्कूल में 12 से 5 बजे तक क्या करते हैं? कई बार कुछ पीरियड खाली भी होते होंगे। उनमें क्या करते हैं?'' तो छात्र का जवाब था कि ''बस इधर-उधर मटरगश्ती करते हैं, कैन्टीन इत्यादि में दोस्तों के साथ चले जाते हैं।''

हम इस छात्र की दैनिकचर्या की विवेचना करें तो निम्न समय का सदुपयोग किया जा सकता है—

- सुबह 7 से 9 के बीच कम-से-कम एक घण्टा निकाला जा सकता है।
- 7:30 से 9:30 के मध्य कम-से-कम एक घण्टा और निकाला जा सकता है।
- रात को कम-से-कम 30 मिनट एक या घण्टा पढ़ाई और की जा सकती है।

प्रतिदिन कॉलेज/स्कूल में जो भी पीरियड खाली हैं, उनका सदुपयोग ट्यूशन में पढ़ाए गए विषय को दोहराने में या अपने दोस्तों से उसी विषय पर, विचार-विमर्श हेतु किया जा सकता है। यह किसी विषय या किसी प्रश्न को अपने मित्रों के साथ हल करने में किया जा सकता है।

ये सब सुझाव कुछ अटपटे-से लग रहे होंगे। आप कह सकते हैं कि क्या हम (छात्र) मशीन की तरह, हरदम पढ़ते ही रहें। यह भी सही बात है कि क्या आप सारे समय पढ़ते ही रहें?

मत पढ़िए !!!

आप इस बात को अच्छी तरह समझ लें कि आप पढ़ेंगे तो स्वयं के लिए, स्वयं के स्वार्थ, स्वयं के लाभ के लिए, न कि अपने अभिभावकों या अन्य किसी के लिए।

अभिभावकों द्वारा बच्चों को बार-बार पढ़ने के लिए, दी जानी वाली हिदायतों से छात्रों के मन में कुछ ऐसी धारणा बन जाती है, उनकी कुछ ऐसी मन:स्थिति बन जाती है कि, जैसे उन्हें पढ़ाई जैसा कठिन कार्य केवल अपने अभिभावकों को प्रसन्न रखने के लिए ही करना है। अभिभावकों द्वारा, बच्चे के भविष्य निर्माण हेतु, पढ़ाई की आवश्यकता के सन्दर्भ में दी जाने वाली हिदायतें, यद्यपि सही हैं लेकिन यह भी परम आवश्यक है कि वे अपने बच्चों को बहुत प्यार-स्नेह से यह बात समझाएँ कि उनके द्वारा की जाने वाली पढ़ाई, उनके ही हित में है। बच्चों को अपने पास-पड़ोस में सफल व्यक्ति द्वारा छात्र-जीवन में की उसकी (सफल व्यक्ति) मेहनत के कारण प्राप्त सफलता द्वारा *छात्र-जीवन में की उसकी (सफल व्यक्ति) मेहनत के कारण प्राप्त सफलता* का उदाहरण दिया जा सकता है। बच्चे से पूछा जा सकता है कि आप यदि ऐसा बनना चाहते हैं तो आपको पूर्ण ईमानदारी, लगने से कठिन परिश्रम करना होगा। छात्र-जीवन एक तपस्या है, मटरगश्ती या मौज-मस्ती में समय व्यतीत करना नहीं है।

छुट्टी के दिनों में दिनचर्या

जब कुछ छात्रों से पूछा गया कि—

सामान्य दिनों में तो आप बहुत व्यस्त रहते हैं, छुट्टी के दिनों (जैसे— रविवार, 15 अगस्त, 26 जनवरी या अन्य अवकाश) में आपकी दिनचर्या क्या रहती है?

अधिकांश छात्रों के जवाब कुछ इस प्रकार थे

एक रविवार ही तो मिलता है, जिस दिन हमें कुछ आराम मिलता है। छुट्टी के दिन हम सुबह आराम से 9 बजे तक उठते हैं, फिर आराम से 11 बजे तक तैयार होते हैं। फिर एक घण्टा पढ़कर, खाना इत्यादि खाकर 1 बजे घर से निकल जाते हैं, दोस्तों के घर चले जाते हैं या कभी मूवी देखने चले जाते हैं। हमसे दोपहर में पढ़ाई नहीं होती। फिर वहाँ से 3-4 बजे तक वापस आकर करीब एक घण्टा पढ़कर, शाम को 5-6 बजे घूमने चले जाते हैं। अब शाम को पढ़ाई थोड़ी ही हो सकती है। फिर 7-7:30 बजे तक वापस आकर, हम एक-डेढ़ घण्टे पढ़ते हैं, फिर खाना इत्यादि खाकर रात को टीवी सीरियल देखकर सो जाते हैं।

वाह! कितना अच्छा टाइम-टेबल है, छुट्टियों के दिनों का।

- अन्य दिनों में, समय अभाव का रोना!
- छुट्टियों के दिन, समय व्यतीत करने का यह तरीका!

अन्य तर्क....

- दोपहर में पढ़ाई नहीं होती।
- सायंकाल पढ़ने का समय थोड़ा ही है।
- छुट्टियों में पूरे दिन में मात्र दो-ढाई घण्टे बहुत मुश्किल से पढ़ाई हेतु निकाल सके हैं।

आप स्वयं सोचें—क्या आप **सफल** होने योग्य हैं? क्या आपमें सफलता हेतु आवश्यक लगन, निष्ठा एवं कड़ी मेहनत करने का जज्बा है? आप स्वयं उक्त प्रश्नों का उत्तर **ना** में देंगे। फिर **सफल** कैसे हो सकते हैं?

> जब समय है तो पढ़े नहीं, जब समय नहीं है तो समय-अभाव का गीत गाते हैं।

समय–प्रबन्धन का दूसरा पहलू

कुछ छात्रों ने परीक्षा में असफलता हेतु कुछ निम्न प्रकार के कारणों का जिक्र किया—

- पहले दो प्रश्नों में ही 2 घण्टे लग गए। शेष तीन प्रश्न जल्दी-जल्दी में किए, जिससे उनका पूरा उत्तर ढंग से नहीं लिख सके। (यह उन छात्रों के उत्तर हैं जो ऐसी परीक्षा में बैठे हैं जिनमें 3:30 घण्टे में 5 प्रश्न हल करने होते हैं।)
- वस्तुनिष्ठ प्रश्न-पत्र को हल करते समय, एक-दो ऐसे प्रश्नों में उलझ गए, जो देखने में बहुत सरल लगते थे, लेकिन समय बहुत लग गया जिससे शेष प्रश्नों को हल करने हेतु बहुत कम समय बचा।
- प्रश्न-पत्र बहुत लम्बा था, समय कम था, अतः बहुत-से प्रश्न छूट गए। उक्त सभी कारण, समय प्रबन्धन से सम्बन्धित हैं।

पहले बिन्दु पर बताए कारण की विवेचना करें तो समझ में आता है कि प्रश्न-पत्र को हल करते समय, हर प्रश्न हेतु समय-सीमा आपको तय करनी होगी। अन्य कोई आपको यह कहने या याद कराने नहीं आएगा कि, जल्दी करो, अभी आपको अन्य प्रश्नों का भी जवाब लिखना है।

एक-दो प्रश्नों में इतना अधिक लिखने से उन प्रश्नों में तो कुछ अंक अधिक आ सकते हैं, लेकिन अन्य प्रश्नों में आवश्यकता से कम लिखने पर कितने अंक कटेंगे, यह आपको ध्यान रखना है। परीक्षा में सन्तुलित समय प्रबन्धन की अत्यधिक आवश्यकता होती है। प्रत्येक प्रश्न हेतु अपने समय में विभाजित करें कि, आप पूर्ण सन्तोषजनक रूप से हर प्रश्न का आवश्यकतानुसार जवाब लिख सकें।

वस्तुनिष्ठ प्रकार के प्रश्न-पत्र में आजकल समय का निश्चित ही अभाव रहता है। लेकिन इस कारण से आपको परेशान होने या घबराने की आवश्यकता कतई नहीं है, क्योंकि यह **समय अभाव** सभी पर समान रूप से लागू होता है।

वस्तुनिष्ठ प्रश्न-पत्र में अधिकांशतया सभी प्रश्नों हेतु समान अंक निर्धारित होते हैं। ऐसी स्थिति में यदि कोई प्रश्न ऐसा है जो चाहे दिखने में या हल करने में सरल हो, लेकिन यदि उसमें तीन-चार प्रश्नों को हल करने के लिए समान-समय लगे तो आप एक जाल (Trap) में फँस सकते हैं। ऐसे कई प्रश्न वस्तुनिष्ठ प्रश्न-पत्र में अवश्य आते हैं। कई प्रश्न तो होते ही इतने लम्बे हैं कि उनको पढ़ने में/समझने में ही बहुत समय लगता है।

सामान्य रूप से प्रतियोगी परीक्षाओं का वस्तुनिष्ठ प्रश्न-पत्र इस तरह से बनाया जाता है कि, उनमें से लगभभ 40% प्रश्नों के उत्तर छात्र, बिना परेशानी के दे सकते हैं।

यदि आप किसी गलत प्रश्न के जाल में नहीं फँसे एवं आगे बढ़ते जाए तो अधिकांश स्थिति में आप लगभग 40% प्रश्न एक बार में हल कर सकते हैं। शेष प्रश्नों हेतु आप इसके बाद प्रयास करें जिससे आप अपनी क्षमता का भरपूर उपयोग कर सकते हैं तथा अनावश्यक, अवांछित घबराहट से बच सकते हैं। यदि वस्तुनिष्ठ प्रश्न-पत्र में अलग-अलग प्रकार के प्रश्नों हेतु अलग-अलग अंक निर्धारित हैं तो आप सर्वप्रथम अधिक अंकों के प्रश्नों को हल करने का प्रयत्न करें, लेकिन यहाँ भी समय-सीमा का पूरा ध्यान रखते हुए।

याद रखें

परीक्षा में घबराहट किसी भी हालत में न आने दें। यदि किसी एक प्रश्न में समय खराब हो भी गया तो दूसरे पर ध्यान दें। वह भी हल नहीं होता है तो तीसरे को हल करें, बिना किसी घबराहट या तनाव के बढ़ते रहें। आप जिस स्थिति से गुजर रहे हैं लगभग वहीं स्थिति अन्य छात्रों की भी हो रही है।

अत: बिना यह सोचे हुए कि मैं इस प्रश्न-पत्र में फेल हो जाऊँगा, अन्य सभी पास हो जाएँगे, पूर्ण सजगता, तत्परता से, आगे के प्रश्नों को हल करने का प्रयास करें। आप स्वयं ही सोचें-घबराने से, भाग्य को कोसने से दूसरे पास हो जाएँगे, मैं फेल हो जाऊँगा, यह परीक्षा देते समय-सोचने से, क्या आपको कुछ लाभ मिल सकता है? नहीं .... ना!

परीक्षा देते समय, एक-एक सेकण्ड का पूर्ण तत्परता से सदुपयोग आपको सफलता की ओर अग्रसर करता है एवं घबराहट के कारण नष्ट हुआ प्रत्येक सेकण्ड आपको असफलता की ओर धकेलता है।

समय–प्रबन्धन का एक अन्य पहलू

जब कभी एक प्रश्न-पत्र की परीक्षा के बाद, दूसरे दिन दूसरे प्रश्न-पत्र की परीक्षा देनी होती है तो बहुत-से छात्र, पहले दिन की परीक्षा के बाद, अपना बहुत-सा कीमती समय नष्ट करते हुए देखे जाते हैं। यदि पहले दिन का प्रश्न-पत्र किसी कारण से खराब हो गया, तो वे अजीब डिप्रेशन से घिर जाते हैं। वे रोने लगते हैं, खाना-पीना छोड़ देते हैं, अपने भाग्य को कोसते हैं या फिर दूसरों के समान स्वयं द्वारा की गई मेहनत की व्याख्या करते हैं। दूसरे दिन की परीक्षा न देने की ठान लेते हैं और एक अजीब-सी स्थिति में स्वयं को कर लेते हैं। माता-पिता तथा मित्रों द्वारा खूब समझाने पर वे दूसरे दिन परीक्षा

देने को तैयार होते हैं, थोड़ी-बहुत, अगले दिन की परीक्षा की पढ़ाई की तो की, नहीं तो नहीं की।

जरा सोचें

ऐसे छात्र, जो समय की कीमत और महत्त्व को नहीं पहचानते, स्वयं के साथ, स्वयं के भविष्य के साथ बहुत बड़ा अन्याय करते हैं।

पहली बात तो यह है कि **आप एक प्रश्न-पत्र को सही तरीके से हल नहीं कर पाए, क्या इसमें आपके अतिरिक्त किसी अन्य की गलती है?**

अगर यह भी मान लिया जाए कि, आपके दुर्भाग्य के कारण ही ऐसा हुआ है (वैसे भाग्य-दुर्भाग्य का रोना, कमजोर मन:स्थिति का व्यक्ति ही रोता है।) तो भी दूसरे दिन की परीक्षा की तैयारी न करके, अपना बहुमूल्य समय व्यर्थ में नष्ट करने का क्या लाभ? और रोने से, दूसरे दिन परीक्षा न देने से आपको क्या लाभ हो सकता है ?

> *Sow a thought, and you reap an act;*
> *Sow an act, and you reap a habit;*
> *Sow a habit, and you reap a character;*
> *Sow a character, and you reap a destiny.*

आप कह सकते हैं कि एक प्रश्न-पत्र खराब होने से, आप अभीष्ट परीक्षा में मेरिट में नहीं आएँगे, अत: दूसरे प्रश्न-पत्र की परीक्षा देना व्यर्थ है। **यह एक बहुत ही निराशापूर्ण, कायरता भरी सोच है।** हो सकता है, दूसरा प्रश्न-पत्र आपका इतना अच्छा हो जाए कि वह आपके पहले प्रश्न-पत्र की क्षतिपूर्ति कर दे। यह भी हो सकता है कि कुछ दिनों बाद पता लगे कि पहला प्रश्न-पत्र लीक हो गया, अत: उसकी परीक्षा पुन: ली जाएगी। यह भी हो सकता है कि अधिकांश छात्रों का भी पहला प्रश्न-पत्र बिगड़ गया हो।

और यह सब अगर मात्र कल्पना ही मानें तो भी दूसरे प्रश्न-पत्र की परीक्षा देने से आपको कुछ न कुछ अनुभव मिलेगा जो आपके लिए अन्य परीक्षाओं में बहुत महत्त्वपूर्ण/लाभदायक हो सकता है।

दूसरों के सामने रोने से, स्वयं द्वारा की गई मेहनत को का बखान करने से कोई लाभ नहीं है। अन्य लोग, आपके माता-पिता, मित्रगण मात्र आपके साथ सहानुभूति रख सकते हैं, लेकिन सहानुभूति से सफलता तो नहीं मिलेगी ना!

> *जो व्यक्ति विपरीत परिस्थितियों में स्वयं को सम्भालकर, पूर्ण संयम से, अपना मार्ग निर्धारित करता है, वह जीवन में अवश्य सफलता होता है।*

एक रोचक घटना

दो मित्र एक परीक्षा की तैयारी कर रहे थे। परीक्षा-तिथि के पाँच दिन पहले, एक मित्र का दुर्घटना शिकार हो गया, उसके बाएँ पैर में चोट लगी, अस्पताल में भर्ती हो गया।

दूसरे मित्र की बाईं काँख (Arm Pit) में जबरदस्त फुँसी हो गई, मवाद (Pus) पड़ गई। डॉक्टर न दवाएँ दे दीं। दर्द से दिन-भर छटपटाता रहा, दूसरे दिन दर्द कुछ कम हो गया। इस निराशा से पढ़ाई नहीं कर सका, कि एक दिन पूरा बर्बाद हो गया, फिर दर्द हो गया तो क्या करूँगा? और दो दिन खराब हो जाने के कारण अजीब डिप्रेशन में आ गया, ऐसा लगा कि कुछ याद ही नहीं है, जैसे-तैसे कुछ पढ़ा एवं परीक्षा आधे-अधूरे मन से दी।

परिणाम, वह सफल नहीं हुआ, मात्र बीस नम्बरों से वह सफल छात्रों की सूची में नहीं आ पाया। बाद में बहुत पछताया, काश! मैं निराश नहीं होता, लगन से पढ़ता रहता तो निश्चित ही सफल हो जाता। पहला मित्र दो दिन अस्पताल में रहकर, वापस आया, पूर्ण हिम्मत, लगन से शेष समय का सदुपयोग किया एवं सफल हुआ।

जरा सोचें

परिस्थितियाँ दोनों मित्रों की अचानक विकट हो गई थीं। पहला मित्र साहसपूर्वक, पूर्ण लगन से मेहनत करता रहा। दूसरा अपने आप को कोसता रहा।

> *परिस्थितियाँ चाहे हों, कितनी भी विपरीत,*
> *न छोड़ें साहस, न छोड़ें आस,*
> *बढ़ें पूर्ण लगन से, रखें आत्मविश्वास,*
> *ईश्वर देगा साथ, सदा होगी आपकी जीत।*

③ मानसिक तनाव

अधिकांश या सभी छात्र, मानसिक तनाव से किसी-न-किसी रूप में शिकार होते हैं। यह भी कहा जा सकता है कि मानसिक तनाव छात्र जीवन में अपरिहार्य है। विद्वानों का यह भी मानना है कि

> *Stress is necessary to challenge the students to learn.*
> *छात्रों को सीखने के लिए, प्रेरित करने, ललकारने के लिए, तनाव आवश्यक है।*

मानसिक तनाव को स्पष्ट करने वाले कुछ बिन्दु निम्न हैं—

- किसी भी परीक्षा की तैयारी के दौरान कितनी बार ही ऐसा होता है कि कभी आप स्वयं को बहुत उत्साहित महसूस करते हैं, आपको लगता है कि आप इस बार अवश्य सफल होंगे एवं कभी आपको लगता है कि आप कुछ भी नहीं कर सकते, बहुत निरुत्साहित महसूस करते हैं।

- परीक्षा हॉल में प्रवेश करने से पूर्व, आपने जो याद किया हुआ है वह प्रश्न-पत्र हाथ में आते ही दिमाग से गायब हो जाता है और पेपर समाप्त होने के बाद सबकुछ याद आ गया लगता है।

- परीक्षा तिथि जैसे-जैसे पास आती है आपको महसूस होने लगता है कि आपको अभी बहुत कुछ पढ़ना बाकी है, समय तो है ही नहीं। आपका पढ़ाई में मन नहीं लगता है, एकाग्रता भंग हो जाती है।

- कई छात्रों को परीक्षा के कुछ दिन पहले, परीक्षा से अजीब भय महसूस होने लगता है। पसीने आना, चक्कर आना, चिड़चिड़ापन, बात-बिना-बात गुस्सा आने लगता है।

- कई छात्र, सारे वर्ष पूरी पढ़ाई खूब लगन से, मेहनत से करते हैं एवं भरपूर आत्मविश्वास से सफल होने का दावा करते हैं लेकिन परीक्षा के ठीक पहले, स्वयं को बहुत असहाय स्थिति में, निराशाजनक स्थिति में पाते हैं। आत्मविश्वास खो देते हैं। ऐसा लगने लगता है कि उसके मित्र *(जो उसके साथ-साथ उसी परीक्षा की तैयारी कर रहे हैं)* तो सफल हो जाएँगे लेकिन स्वयं का सफल होना, संदिग्ध महसूस करते हैं।

- कई छात्रों को परीक्षा के समय रात्रि में नींद नहीं आती है, जिससे परीक्षा में अपनी क्षमतानुसार/योग्यतानुसार प्रश्न-पत्र को हल नहीं कर पाते हैं।

कल परीक्षा है और आज व पूरी रात सो नहीं पाते हैं, जिससे वे परीक्षा देते समय सामान्य नहीं रह पाते। पूरी नींद सोने से मस्तिष्क तरोताजा रहता है, पूरी क्रियाशीलता से कार्य करता है। अत: जिस दिन परीक्षा है, उससे पहली रात, छात्र को अन्य दिनों अपेक्षा, अधिक नींद लेनी चाहिए या कम-से-कम सामान्य नींद अवश्य लेनी चाहिए।

- अन्यथा कई बार सारे वर्ष की मेहनत, एक रात की नींद के कारण, व्यर्थ चली जाती है। यह बहुत ही महत्त्वपूर्ण बिन्दु है।

उक्त सभी लक्षण यह व्यक्त करते हैं कि ऐसे छात्र मानसिक तनाव के शिकार हैं। सामान्यतया, मानसिक तनाव हेतु निम्न कारणों को जिम्मेदार माना जा सकता है

- असफल होने का भय।
- अच्छे अंक प्राप्त करने की अनिश्चितता।
- दूसरे के पास होने एवं स्वयं के फेल होने की कल्पना।
- यदि मैं फेल हो गया तब लोग क्या कहेंगे?
- भविष्य के प्रति चिन्ता।
- फेल होने पर एक वर्ष बर्बाद होने की चिन्ता।

> *If your success is not your own terms, if it looks good to the world but does not feel good in your heart, it is not success at all.*
> **Anna Quindlen**

याद रखें

जितना **सफल** होने के लिए, कड़ी मेहनत आवश्यक है, उतना ही स्वयं को तनाव मुक्त रखना/तनाव को झेलकर सामान्य रहकर, पूर्ण क्षमता/योग्यतानुसार परीक्षा देना आवश्यक है।

छात्र जीवन में तनाव अपरिहार्य है, अर्थात् तनाव तो आप महसूस करेंगे ही। क्योंकि जब भी हम किसी कार्य में सफल होने हेतु प्रयासरत होते हैं तो असफलता का भय, असफल होने की आशंका ही मानव को जन्म देती है। जो छात्र इस तनाव को झेलकर पूर्ण आत्मविश्वास से परीक्षा देते हैं वे सफल होने में कामयाब होते हैं।

मानसिक तनाव पर कैसे विजय प्राप्त करें?

पूर्ण तैयारी करें

मानसिक तनाव का सर्वप्रमुख कारण, असफल होने का भय है। अत: सर्वप्रथम आपको परीक्षा की पूर्ण तैयारी करने हेतु तत्पर होना चाहिए। जैसा पूर्व में बताया कि पूर्ण तैयारी का अर्थ, आपका स्वयं का यह मानना है कि आप इस परीक्षा हेतु जो कुछ अपनी क्षमता/योग्यतानुसार उपलब्ध समय में पढ़ सकते थे, तैयार कर सकते थे, आप कर चुके हैं।

आप पढ़ाई का टाइम-टेबल तैयार करें एवं पूरी तैयारी, परीक्षा की तिथि से कम-से-कम एक माह पूर्व ही पूर्ण करने का प्रयत्न करें। यह बात ध्यान रखें कि जो भी टाइम टेबल आप बना रहे हैं उसमें विभिन्न कारकों, कारणों से विघ्न आएगा। घर में कोई शादी तय हो सकती है, घर में कोई परेशानी हो सकती है, आप बीमार पड़ सकते हैं, कोई दुर्घटना हो सकती है, अन्य कोई अकल्पित घटना हो सकती है। ये सब सामान्य बातें हैं जो होती ही हैं, अत: ऐसा होने पर, स्वयं को भाग्यहीन, दुर्भाग्यशाली न समझें, बल्कि, इस तरह की विषम स्थितियों को पहले ही अपने टाइम-टेबल में स्थान दें। यदि ऐसा भी

> *If you think you are beaten, you are;*
> *If you think you dare not, you don't!*
> *If you'd like to win, but you think you can't*
> *It's almost certain you won't.*

कुछ हो जाए तो भी आपकी तैयारी हर हालत में पूर्ण हो सकेगी।

आप इस प्रकार समझ सकते हैं कि यदि कोई व्यक्ति अपना व्यापार शुरू करता है, तो वह उसके बनाए प्लान के अनुसार, लाभ कमाने की ही सोचता है, लेकिन उसके बनाए प्लान में यदि वह उन परिस्थितियों पर गौर नहीं करता जो सामान्य रूप से तो दृष्टिगोचर नहीं हैं, लेकिन घटित हो सकती हैं। वह ऐसी कोई विषम परिस्थिति घटित होने पर, सड़क पर आ जाता है, पैसे-पैसे को मोहताज हो सकता है। कहा जाता है कि—

> *Hope for the best,*
> *Prepare for the worst.*

अर्थात् आपके द्वारा अभीष्ट परीक्षा की तैयारी हेतु आपको सब स्थितियों का सामना करते हुए, हर हालत में सफल होने हेतु, सारे एडजस्टमैंट पूर्व में ही सोचकर चलना होगा। इस प्रतियोगी युग में जो छात्र जितना दूरदर्शिता से सोच सकता है, जितना विषम परिस्थितियों में, बिना डिगे, आगे बढ़ने की योग्यता रखता है वह ही 'सफल' होता है। बहुत-से छात्र तो परीक्षा का टाइम टेबल आने के बाद ही पढ़ाई शुरू करते देखे गए हैं, बहुत-से-छात्र, परीक्षा फॉर्म भरने के बाद पढ़ाई शुरू करते हैं।

हम इन छात्रों से कुछ प्रश्न पूछना चाहते हैं–

- क्या आपको पहले से पता नहीं था कि आपको इस परीक्षा में बैठना है, तो फिर पहले से ही आपने तैयारी क्यों शुरू नहीं की?
- क्या आप नहीं जानते कि अन्य ऐसे भी छात्र हैं जो इस परीक्षा हेतु न जाने कब से तैयारी कर रहे हैं, फिर आप अपनी 'असफलता' के लिए, किसे दोष देंगे? स्वयं को या भाग्य को!

> *असफलता अचानक होने वाली प्रलयंकारी घटना नहीं है। आप रातोंरात असफल नहीं होते। दरअसल असफलता प्रतिदिन दोहराए जाने वाली कुछ गलतियों की परिणति है। असफलता एवं सफलता में अन्तर मात्र उतना ही है जितना किसी काम को लगभग ठीक करने एवं पूरी तरह ठीक करने में है।*
>
> **एडवर्ड सिमन्स** *(मशहूर टेनिस कोच)*

मानसिक आराम

पढ़ते-पढ़ते होने वाली थकान एवं मानसिक तनाव को कम करने/दूर करने हेतु, मस्तिष्क को कुछ आराम देना बहुत आवश्यक है। परीक्षा के दिनों में देर रात तक जागकर, सुबह जल्दी उठकर, किताबों में आँखें गड़ाए बच्चे इसी कोशिश में रहते हैं कि कैसे बचे हुए समय का भरपूर उपयोग किया जाए। लेकिन क्या आप जानते हैं कि लगातार पढ़ाई करने से अक्सर 60 से 70 प्रतिशत तक भूलने का खतरा रहता है।

इसलिए विशेषज्ञ अधिकतम 40 से 50 मिनट पढ़ने के बाद 5-10 मिनट का ब्रेक लेने की सलाह देते हैं ताकि जो पढ़ा है, वह याद रह सके और नई चीजें समझने के लिए दिमाग फ्रेश हो जाए। इससे ऊर्जा का स्तर भी बना रहता है। इनके अलावा कुछ आसान-से व्यायाम हैं, जिन्हें आप पढ़ाई के दौरान करके, खुद को रिलैक्स कर सकते हैं।

- अपनी तर्जनी (पहली उँगली) से अँगूठे के पोर को स्पर्श कीजिए। ध्यान देने पर आप अपनी धड़कन (पल्स) महसूस कर सकते हैं। एक मिनट के लिए अपनी आँखे बन्द करें और मन को शान्त करने का प्रयास करें।

- धीरे-धीरे नाक से गहरी साँस लें और मुँह से छोड़ें। इससे आप शान्त महसूस करेंगे।

- अपने सीने के सामने हाथ इस तरह रखें कि एक हाथ की सारी उँगलियों के पोर दूसरे हाथ की उंगलियों के पोरों से स्पष्ट करते हों। एक-दो मिनट के लिए आँखें बन्द कर लें।

- तेज कदमों से नंगे टहलना भी दिमाग को तरोताजा करेगा। तलवों में कई 'प्रेशर प्वाइण्ट्स' होते हैं। चलते समय इन पर दबाव पड़ता है और वे सक्रिय हो जाते हैं। इससे रक्त, ऑक्सीजन और ग्लूकोस का प्रवाह बढ़ता है।

> *I've missed more than 9000 shots in my career, I've lost almost 300 games. 26 times, I've been trusted to take the game winning shot and missed. I've failed over and over and over again in my life. And that is why I succeed.* Michael Jordan

ठण्डे, शान्त स्थान पर जाना

छात्र पढ़ते-पढ़ते अपने कमरे के वातावरण से भी उकता जाते हैं। ऐसी स्थिति में किसी शान्त, सुरम्य वातावरण (किसी बगीचे-झील के किनारे) में शान्तचित्त होकर, बैठने से भी तनाव से मुक्ति मिलती है।

किसी मित्र या निकटस्थ रिश्तेदार से बात करें

आप जब भी हतोत्साहित महसूस करें, निराशा या निरुत्साहित महसूस करें तो आप, अपनी समस्या, अपने घर में किसी समझदार व्यक्ति को या अपने खास मित्र को बताएँ, उनकी राय लें। मित्र/व्यक्ति का चुनाव इस हेतु बहुत महत्त्वपूर्ण है, क्योंकि जिससे भी आप अपनी समस्या का जिक्र कर रहे हैं उसमें इतनी समझदारी होनी चाहिए कि वह आपकी मजाक न बनाएँ एवं आपको और हतोत्साहित न करे।

जादू उंगलियों का

- उंगलियों से मेज थपथपाएँ। इससे उंगलियों के पोरों पर स्थित ऊर्जा बिन्दु सक्रिय होंगे।
- मेज पर अपनी तर्जनी और मध्यमा के पोरों को धीरे-धीरे थपथपाने 'टैपिंग' से आप काफी आराम महसूस करेंगे।
- खोपड़ी के अग्र भाग से सिर उंगलियों को थपथपाते हुए पीछे की ओर ले जाएँ।
- अपनी भौंहों के शुरुआती बिन्दु पर (नाक के ऊपर) थपथपाने से भी राहत मिलती है।
- नाक के ठीक नीचे और होंठों के ऊपर के स्थान पर उंगलियों से थपथपाने से भी शान्त महसूस करेंगे।
- जमीन पर सीधे लेटकर, अपने मस्तिष्क को पढ़ाई से दूर रखते हुए, धीरे-धीरे गहरी साँस छोड़ें। अपना ध्यान साँस लेने एवं छोड़ने पर ही केन्द्रित रखें। एक बार साँस छोड़ने के बाद, थोड़ा सा रुकें, तुरन्त दूसरी साँस न लें। इस तरह से मात्र 10–15 मिनट में ही आप स्वयं में एक ताजगी महसूस करेंगे। ऐसा करते समय सर पर/आँखों पर कपड़े की ठण्डी पट्टी रखने से बहुत आराम मिलता है। तनावमुक्त होने के लिए यह व्यायाम बहुत लाभदायक रहेगा, स्वयं अनुभव करें। यह व्यायाम आराम से बैठकर भी किया जा सकता है।

समस्याओं को लिखें एवं स्वयं आकलन करें

यह तनाव रहित होने का बहुत अच्छा उपाय है। इसमें आप अपनी समस्याओं को एक-एक करके कागज पर लिखें। आप सोचें कि आप किन कारणों से स्वयं को तनावग्रस्त पा रहे हैं। क्यों आप हतोत्साहित हो रहे हैं? ऐसे सभी कारणों/परेशानियों को एक कागज पर लिखें; जैसे—

मुझे चिन्ता है कि—

- मैं फेल न हो जाऊँ।

- पता नहीं, मेरा कोर्स पूरा भी होगा या नहीं।

- मुझे यह टॉपिक तो आता ही नहीं, क्या करूँ?

इस तरह से अपनी समस्याएँ लिखकर, शान्त मन से इनको दूर करने हेतु आप क्या कर सकते हैं, यह सोचें। अपनी समस्याओं का समाधान आपसे अच्छा न कोई सोच सकता है, न कर सकता है। आपको ही आपकी सीमाओं का/कमजोरियों का/शक्तियों का पता है। अतः बहुत धैर्यपूर्वक आप स्वयं सोचें कि आप अपनी समस्याओं को किस तरह दूर कर सकते हैं; जैसे—

समस्या 1   **मैं फेल न हो जाऊँ**

समाधान   मैं फेल कैसे हो सकता हूँ? मेरा तीन-चौथाई कोर्स तो पूरा हो गया है, अभी तो दो माह शेष हैं, बस रिवीजन करना है, वह एक माह में पूरा हो जाएगा। फेल तो नहीं हो सकता हूँ, हाँ नम्बर अच्छे आएँ, इस हेतु थोड़ी और मेहनत की आवश्यकता है, पर मैं कर लूँगा। I can do (यह उस छात्र की सोच है जो पूर्व से ही अच्छी तैयारी कर रहा है।)

समस्या 2   **ऐसा छात्र जिसने कुछ देरी से पढ़ाई शुरू की है।**

समाधान   जब मैंने पढ़ाई ही देरी से शुरू की है तो असफल होने के कारण तो बनते हैं, लेकिन फिर भी यदि अब भी मैं समय का पूरा सदुपयोग करूँगा तो सफल हो सकता हूँ। जो गलती हो गई, उसके लिए, अब क्यों रोऊँ। अभी दो माह शे हैं, थोड़ी-सी और मेहनत करता हूँ। आज से TV देखना, दोस्तों के साथ घूमना बन्द करता हूँ। सुबह भी थोड़ा जल्दी उठना शुरू करूँगा। चाहे कुछ भी हो, पूरी मेहनत करूँगा। फेल तो नहीं हो सकता। I shall try my best. May God help me.

इस तरह आप अपनी समस्या, अपनी कमजोरी का आकलन स्वयं करें एवं स्वयं ही निर्णय लें कि आप इस चिन्ता को दूर करने हेतु क्या कर सकते हैं?

> *आपके तनाव का, आपसे बड़ा चिकित्सक और कोई नहीं हो सकता है।*

योग (प्राणायाम)

योग (प्राणायाम) भी तनावग्रस्त मस्तिष्क को आराम देने का बहुत सरल उपाय है। यह एक आजमाया हुआ उपाय है। जो छात्र सुबह 10-15 मिनट प्राणायाम करते हैं वे सारे दिन तरोताजा एवं आत्मविश्वास से भरे रहते हैं।

स्व–अनुशासन

पढ़ाई के बोझ तले दबे हुए अधिकांश छात्र, आजकल रात को देर से सोने एवं देर से उठने की आदत बना लेते हैं। रात में 12-1 बजे सोना एवं सुबह 8-9 बजे उठना दिनचर्या बन जाती है। अधिकांश छात्रों का मानना है कि रात को पढ़ाई अच्छी होती है। यद्यपि यह एक व्यक्तिगत प्राथमिकता है तथापि हम कहना चाहते हैं कि यदि आप रात को 10 बजे सोकर, सुबह 5 बजे उठ सकते हैं तो आप स्वयं को सारे दिन बहुत तरोताजा एवं आत्मविश्वास से परिपूर्ण महसूस करेंगे। सुबह की ताजगीपूर्ण हवा, शान्त वातावरण, पढ़ाई करने हेतु अधिक अनुकूल है। इसे आजमाकर देखें, आप स्वयं सहमत होंगे।

कई छात्र तनाव दूर करने के लिए सारे दिन फिल्मी गाने सुनते रहते हैं। कई छात्र तो कानों में हैडफोन लगाकर ही पढ़ते हैं।

कई छात्र बाहर बरामदे या खुले स्थानों में बैठकर, आने-जाने वालों को देखते रहते हैं, एवं पढ़ाई करते दिखाई पड़ते हैं। **यह कैसी एकाग्रता है?** यदि आपका ध्यान कानों या आँखों के माध्यम से अन्य किन्हीं चीजों की ओर आकर्षित हो रहा है तो फिर आप पढ़ाई में एकाग्रता कैसे बना सकते हैं?

> *If we take care of the moments, the years will take care of themselves.*
> **Maria Edgeworth**

छात्र पढ़ने का ढोंग न करके, वास्तविक रूप से एकाग्र होकर ही पढ़ें। आप किसी अन्य के लिए नहीं, बल्कि स्वयं के भविष्य निर्माण हेतु अध्ययन कर रहे हैं। स्वयं के साथ धोखा न करें।

बहुत-से छात्र, खाने के प्रति बहुत लापरवाह हो जाते हैं। खाने का न कोई समय होता है न ही पौष्टिक खाना खाने की इच्छा रहती है जिससे शरीर में कमजोरी आने लगती है। परीक्षा का भय उन पर इतना हावी हो जाता है कि वे परीक्षा-तिथि आने तक शारीरिक रूप से काफी कमजोर हो जाते हैं तथा पेट में कब्ज, चक्कर आना, मस्तिष्क में थकावट, सरदर्द इत्यादि बीमारियों से ग्रस्त हो जाते हैं। याद रखें—

"A sound mind lives in a sound body."

खाने पर पूरा ध्यान देना, समय पर भोजन करना, पौष्टिक (हल्का) भोजन लेना, जूस आदि लेना, अर्थात् शरीर को हर हालत में स्वस्थ रखना भी सफल होने के लिए आवश्यक है। **आवश्यकता है स्वयं को अनुशासित रखने की।** समय पर समुचित भोजन आपके द्वारा की गई मेहनत को सही परिणाम तक पहुँचाने हेतु बहुत आवश्यक है।

> *Avoid Smoking, Drinking and Sex to relieve your mental stress."* None of these helps in reducing your mental stress, but actually make you more and more dependent on themselves.
>
> *तनाव को दूर करने के लिए कभी भी धूम्रपान, मदिरापान एवं सेक्स का सहारा न लें। ये आपके तनाव को दूर नहीं करते हैं, बल्कि आपको स्वयं पर आश्रित बना देते हैं।*

ऐसे मित्रों से परीक्षा के आस-पास अवश्य दूर रहें जिनसे बातें करने के बाद आपको ऐसा लगता है कि आप उनसे बहुत कम जानते हैं। कई छात्र, बातचीत में इतने निपुण होते हैं, उनका अपनी बात को रखने का ढंग ऐसा होता है कि सामने वाले को लगने लगता है जैसे उसे, उसके मुकाबले कुछ आता ही नहीं है। लेकिन ऐसे छात्र, परीक्षा में उतने सफल नहीं होते हैं। ऐसे मित्रों से परीक्षा के समय दूर रहने में ही लाभ है, क्योंकि ऐसे मित्र आपको तनावग्रस्त कर सकते हैं।

 ## **4** प्रश्न-पत्र हल करने की तकनीक का अभाव

बहुत-से छात्रों की असफलता का कारण, प्रश्न-पत्र को हल करने की उचित तकनीक का ज्ञान नहीं होना भी है।

वर्णनात्मक प्रश्न-पत्र

ऐसे प्रश्न-पत्र जिनमें छात्रों को विश्लेषणात्मक रूप से काफी लिखना होता है। कहीं 50 शब्दों में, तो कहीं 100 शब्दों में तो कहीं 200 या 250 शब्दों में उत्तर देने होते हैं।

छात्रों को सम्बन्धित प्रश्न के बारे में बहुत-कुछ आता है, लेकिन में वे उत्तर देते समय, दी गई शब्द सीमा में क्या लिखें, क्या नहीं लिखें, इस द्वन्द्व में फँस जाते हैं एवं यह नहीं समझ पाते कि इतने-से शब्दों में कैसे उत्तर लिखा जाए।

> ### याद रखें
>
> आपको अंक, आप द्वारा लिखे हुए उत्तर के आधार पर मिलते हैं न कि आपको क्या याद है, इस आधार पर।

- अधिकांश छात्रों को अपने **उत्तर को उचित प्रकार से लिखना** नहीं आता है।
- कई छात्रों की **लिखने की गति** बहुत कम होती है।
- कई छात्रों का **हस्तलेख** बहुत बेकार होता है।

छात्र याद तो बहुत-कुछ कर लेते हैं लेकिन उत्तर का प्रस्तुतिकरण बहुत अच्छा नहीं होने के कारण, उन्हें उनकी योग्यता के अनुसार, सफलता नहीं मिलती है। इस हेतु छात्रों को नोट्स बनाकर पढ़ने की आदत डालनी चाहिए। इससे न केवल छात्रों की लिखने की गति बढ़ती है, हस्त-लेख अच्छा होता है, बल्कि उनका प्रस्तुतिकरण भी अच्छा हो जाता है। अच्छी गति आपके समय की बचत करती है, अच्छे हस्त-लेख से आपको अच्छे अंक मिलते हैं।

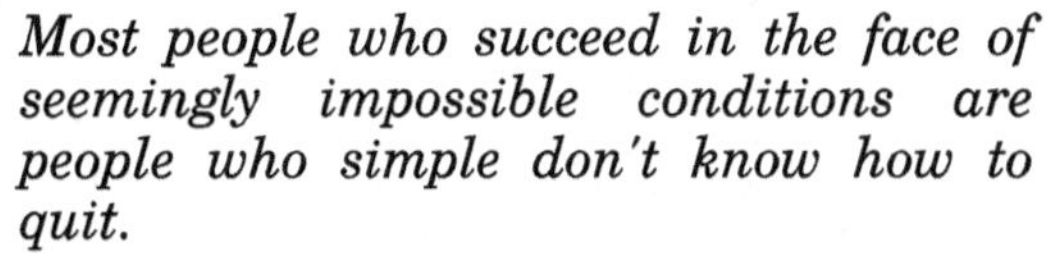

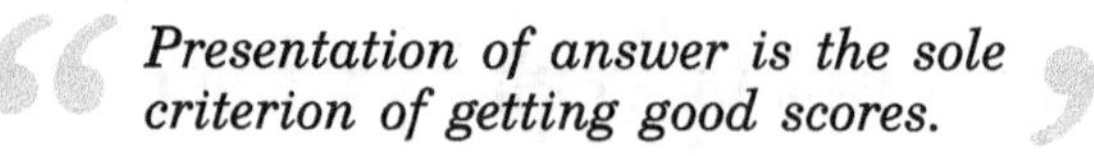

शब्द-सीमा का भी अवश्य ध्यान रखना चाहिए। कुछ छात्र यह सोचते हैं कि अधिक लिखने से अधिक अंक मिलेंगे। यह सोचना गलत है।

आपने अंग्रेजी में सार (Precis) लिखना अवश्य सीखा होगा। इसका प्रायोगिक उपयोग परीक्षा में हर व्याख्यात्मक प्रश्न-पत्र में होता है। इसका का अर्थ है मूल लेख को संक्षिप्त रूप से इस प्रकार प्रस्तुत करना कि आपके लेख का तारतम्य न बिगड़े एवं महत्त्वपूर्ण तथ्य आपके लेख में समाहित हों।

> इस हेतु आपको लिखने की की प्रैक्टिस एवं नोट्स बनाने की आदत बहुत मदद करेगी।

वस्तुनिष्ठ प्रश्न–पत्र

आजकल अधिकांश परीक्षाओं में वस्तुनिष्ठ प्रश्न-पत्र ही आते हैं। अधिकांश प्रश्न-पत्र में सभी प्रश्नों के उत्तर समान होते हैं। कई ऐसे प्रश्न-पत्र भी होते हैं जिनमें कुछ प्रश्न 4 अंकों के, कुछ 2 अंकों के, कुछ 1 अंक के होते हैं। वस्तुनिष्ठ प्रश्न-पत्र के सम्बन्ध में समय-प्रबन्धन शीर्षक के अन्तर्गत काफी बताया जा चुका है। इसमें हम एक ही बात कहना चाहते हैं कि समय का ध्यान रखें। यदि एक-दो प्रश्न लगातार गलत भी हो गए हैं या हल नहीं हो पा रहे हैं तो पूर्ण सन्तुलन बनाए रखकर, तीसरे प्रश्न को हल करें। यह नहीं समझें कि अन्य छात्र तो सफल हो जाएँगे और आप फेल हो जाएँगे।

परीक्षा देते समय यह सब सोचने का समय नहीं है, बस ज्यादा-से-ज्यादा प्रश्नों को हल करने का प्रयास करें।

वस्तुनिष्ठ प्रश्नों में मुख्य रूप से गणित, तर्कशक्ति एवं न्यायसंगत प्रश्नों को शीघ्र हल करने की कुछ लघुविधियाँ होती हैं, इन लघुविधियों की जानकारी होने से आपका समय बचता है।

जो छात्र परीक्षा की तैयारी करते समय, स्वयं कैल्कुलेशन करके नहीं देखते हैं बल्कि कैल्कुलेटर की मदद से उत्तर निकाल लेते हैं, उन्हें परीक्षा में जब स्वयं को छोटी-सी भी कैल्कुलेशन करनी पड़ जाती है तो वहाँ गलती कर बैठते हैं और सारा उत्तर गलत हो जाता है। परीक्षा पूर्व, आपको उसी तरह से सब कैल्कुलेशन्स करनी चाहिए, जैसी सुविधा आपको परीक्षा में मिलती है।

कई बार छात्र बिना प्रश्न पढ़े ही उत्तर देना शुरू कर देते हैं; जैसे कई बार अंग्रेजी के प्रश्न-पत्र में समानार्थी शब्द (Synonym) (पिछले वर्ष के प्रश्न-पत्रों में समानार्थी शब्द ही पूछे जाते रहे हैं) नहीं पूछकर इस बार विपरीतार्थक शब्द (Antonym) पूछा गया है, लेकिन आपके दिमाग में तो समानार्थी शब्द ही घूम रहे हैं आप आप इसी को चिन्हित कर देंगे। कई बार Correctly Spelled शब्द की जगह Incorrectly Spelled शब्द पूछ लिया जाता है। **समझाने का तथ्य यह है कि आप प्रश्न को पूरा अवश्य पढ़ें। उसके बाद ही उत्तर लिखें।**

वस्तुनिष्ठ प्रश्नों को हल करने का एक तरीका 'Exclusion of the incorrect options' भी है। इसका अर्थ हुआ कि यदि किसी प्रश्न का सही उत्तर हमें ज्ञात नहीं है तो दिए गए विकल्पों में से जो हमें गलत लगें, उनको अलग हटाना था शेष बचे हुए को सही मानकर उत्तर लिखना। क्योंकि दिए गए चार विकल्पों में से कोई से तीन गलत हैं तो शेष विकल्प सही ही होगा।

कई बार वस्तुनिष्ठ प्रश्न-पत्र का उत्तर लिखते समय छात्र उत्तर-पत्रक में क्रम संख्या का ध्यान नहीं रखते एवं जल्दी में गलत क्रम संख्या पर उत्तर अंकित करते चले जाते हैं। इस तरह की गलती दस में से दो छात्र अवश्य करते हैं। इस तरह की गलती से हर हालत में बचना चाहिए। पूर्ण ध्यान से प्रश्न की क्रम संख्या पर ही उत्तर पत्रक में उत्तर अंकित करें।

वस्तुनिष्ठ प्रश्न-पत्र को परीक्षा में सामान्य रूप से आने वाली पद्धति के अनुसार घर पर हल करें एवं देखे कि आप दिए गए समय में कितने प्रश्न हल कर सकते हैं।

> *The first step towards success is taken when you refuse to be a captive of the environment in which you first find yourself.*
> — **Mark Caine**

> *Speed and Accuracy both are important in securing good marks in an objective question paper.*

इस सम्बन्ध में कई कोचिंग इंस्टीट्यूट इस तरह के मॉडल प्रश्न-पत्रों से छात्रों को प्रैक्टिस करवाते हैं एवं गति बढ़ाने की तकनीक बताते हैं। इस तरह के अच्छे कोचिंग इंस्टीट्यूट द्वारा करने से काफी मदद मिलती है।

5 प्रश्न-पत्र सम्बन्धित पूर्ण जानकारी का अभाव

कई छात्रों को इस बात का ज्ञान नहीं होता कि परीक्षा में ऋणात्मक अंक प्रणाली (Negative Marking System) प्रावधान है। बहुधा प्रश्न-पत्र में यह अंकित किया रहता है, लेकिन कई बार प्रश्न-पत्र में ऐसा कुछ अंकित नहीं रहता है लेकिन परीक्षा फॉर्म में यह स्पष्ट अंकित रहता है।

कई प्रश्न-पत्रों में प्रथम प्रश्न करना अनिवार्य होता है। यह स्पष्ट रूप से प्रश्न-पत्र में लिखा रहता है। छात्रों को उत्तर लिखने से पूर्व प्रश्न-पत्र को अच्छी तरह अवश्य पढ़ लेना चाहिए।

कई बार प्रश्न-पत्र को तीन भागों A, B, C, में विभाजित करके, हर भाग में से एक प्रश्न करना अनिवार्य होता है।

नेगेटिव मार्किंग के सन्दर्भ में अधिकांशतया एक गलत उत्तर पर एक-चौथाई अंक काटे जाते हैं। अत: इससे भयभीत होकर, थोड़ी भी दुविधा होने पर प्रश्न को अनुत्तरित छोड़ देना भी गलत हो सकता है। यदि छात्र के अनुसार किसी उत्तर के सही होने की सम्भावना बहुत अधिक है तो बुद्धिमत्ता होगी।

> *Success does not consist in never making mistakes but in never making the same one a second time"*
> **George Bernard Shaw**

6　अन्य कारण

छात्र की असफलता हेतु अन्य कारक भी जिम्मेदार हो जाते हैं। जैसे-रास्ते में स्कूटर खराब हो जाना, परीक्षा के समय दुर्घटना हो जाना, परीक्षा के समय ही स्वास्थ्य खराब हो जाना। यद्यपि इस प्रकार की घटनाओं हेतु भाग्य को कोसा जाता है तथापि, स्कूटर खराब होने का अर्थ है कि आपने अपने स्कूटर को पहले से ही किसी मिस्त्री से चेक नहीं कराया है। जब आपको ज्ञात है कि इसी स्कूटर से आपको परीक्षा देने जाना है तो उसे ठीक रखने की जिम्मेदारी आपकी ही है। दुर्घटना होना, यद्यपि दुर्भाग्य के कारण हो सकता है तो भी यदि दुर्घटना का कारण आप हाई स्पीड या अन्य गलती है तो इसके लिए आप किसे जिम्मेदार ठहराएँगे? इसी तरह परीक्षा के समय, स्वास्थ्य खराब होने का कारण, आप द्वारा गलत खाना-खुराक लेना या सर्दी, जुकाम, लू से स्वयं को बचाए रखने में कोताही बरतना है। अत: मात्र भाग्य को ऐसी परिस्थितियों के लिए जिम्मेदार नहीं माना जा सकता है।

एक सच्ची घटना

एक छात्र का एमबीए पाठ्यक्रम में प्रवेश हेतु तीसरे दिन सामूहिक परिचर्चा या व्यक्तिगत साक्षात्कार था। वह कमरे में एसी चलाकर सो गया, सुबह उठा तो बुखार, सिर तथा बदन में भयंकर दर्द से पीड़ित था। यद्यपि डॉक्टर को दिखाने के बाद तीसरे दिन परीक्षा में उपस्थित तो हो गया, लेकिन उसका पूरा एक दिन खराब हो गया। **क्या यह उसका दुर्भाग्य था?**

कई छात्र परीक्षा भवन में मात्र कुछ मिनट पूर्व ही पहुँचते हैं। कई बार तो परीक्षा के पहले दिन ही एकदम सही समय पर पहुँचने के कारण, उन्हें अपना रोल नम्बर एवं परीक्षा का कमरा ढूँढने में काफी समय लग जाता है। कई बार, कॉलेज/स्कूल/संस्थान की लापरवाही के कारण उन्हें रोल नम्बर पता लगा में बहुत समय लग जाता है। **ऐसी अवस्था में छात्र को अनावश्यक मानसिक तनाव से गुजरना पड़ता है, उसकी एकाग्रता (Concentration) बिगड़ जाती है।** प्रथम दिन कम-से-कम आधा घण्टे पूर्व पहुँचने से स्वयं को व्यवस्थित करने का, अपना रोल नम्बर ढूँढने का पूरा समय मिल जाता है।

याद रखें

छात्रों को हर हालत में परीक्षा हॉल में कम-से-कम 15 मिनट पूर्व पहुँच जाना चाहिए।

कई छात्र जल्दी में अपना एडमिट कार्ड/रोल नम्बर कार्ड तक साथ लेना भूल जाते हैं जिसके कारण परीक्षा देते समय आपके 15-20 मिनट व्यर्थ हो जाते हैं। कई छात्र तो अपने साथ पैन/पेन्सिल/रबर लेना ही भूल जाते हैं एवं परीक्षा हॉल में जाकर किसी से माँग कर काम चलाते हैं। कई बार उत्तर पत्रक में अपना रोल नम्बर/पहचान संख्या का कॉलम ही खाली छोड़ देते हैं। यह भी देखा गया है कि कई छात्र तो रोल नम्बर गलत भी लिख देते हैं।

- स्वयं की लापरवाही, गैर-जिम्मेदाराना व्यवहार हेतु भाग्य को कोसने से वैसे भी क्या मिलेगा?
- अभीष्ट परीक्षा में असफल होने से कोई नहीं कहेगा कि आप दुर्भाग्य के कारण असफल हो गए।
- असफल का अर्थ असफल है अन्य कुछ नहीं!

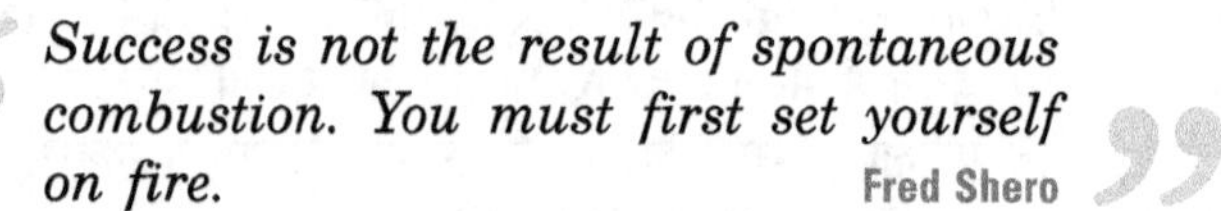

Success is not the result of spontaneous combustion. You must first set yourself on fire.

Fred Shero

छात्रों की असफलता के अन्य महत्त्वपूर्ण कारण

अभी तक आपने असफलता के उन कारणों के सन्दर्भ में पढ़ा है, जो छात्रों द्वारा स्वयं बताए गए हैं या जिन्हें हम असफलता के सीधे कारण (Direct Causes of Failure) कह सकते हैं। अब हम बता रहे हैं ऐसे-कारण जिन्हें छात्र, बताने में हिचकिचाते हैं, या स्वीकार करने से पूर्व काफी तर्क-कुतर्क करते हैं।

1. स्वयं की कमजोरियों एवं कमियों का आंकलन करने की असमर्थता
2. सफलता के छोटे मार्गों में विश्वास
3. ऊँची महत्त्वाकांक्षाएँ–कमजोर नींव
4. जहरीला वातावरण–असफलता का सबसे बड़ा कारण
5. बुरी आदतें-बुरी संगत-अपव्यय
6. निरन्तर मेहनत न कर पाना
7. प्रेम-प्यार एवं छात्र जीवन
8. दृढ़-निश्चय की कमी–घटता आत्मविश्वास
9. अन्य छात्रों का अनुसरण/नकल
10. अन्य गतिविधियाँ
11. समूह में पढ़ाई
12. भाग्यवादी रवैया

1 स्वयं की कमजोरियों एवं कमियों का आकलन करने की असमर्थता

अधिकांश छात्र स्वयं की कमजोरियों एवं कमियों का कभी भी आकलन नहीं करते हैं। वे कभी भी स्वयं की कमजोरियों एवं कमियों को पहचानकर, उन्हें दूर करने का प्रयास नहीं करते हैं। निम्न कमजोरियों एवं कमियों पर गौर करें—

लिखने की गति धीमी होना/हस्तलेख स्पष्ट न होना

बहुत-से छात्रों की लिखने की गति (Speed) बहुत धीमी होती है, बहुत से छात्रों की हस्त-लेख ऐसा होता है कि एक बार लिखने के बाद यदि उन्हें स्वयं ही उसे पढ़ने को कहा जाए तो वे स्वयं ही अटक-अटक कर पढ़ते हैं। इस प्रतियोगिता के युग में, हर परीक्षा में न केवल समय का अभाव होता है, बल्कि आपकी हर कमी आपको अन्य से पीछे कर देती है। अच्छे हस्त-लेख एवं गति वाला छात्र, आपसे निश्चित रूप से अधिक अंक का हकदार है, वह कम समय में अधिक लिख सकेगा और आप से अधिक प्रश्न हल करने में सक्षम होगा। **लगातार लिखने का अभ्यास करने से, नोट्स बनाने से आप इन कमियों को दूर कर सकते हैं।**

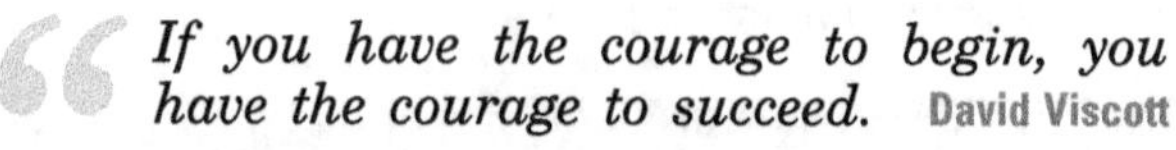

समझाने एवं याद करने की क्षमता/योग्यता

- कई छात्र, कक्षा में शिक्षक द्वारा पढ़ाए गए टॉपिक को एक बार सुनने से ही समझ लेते हैं।
- कुछ छात्रों को एक बार पढ़ने पर वह टॉपिक अच्छी तरह समझ आ जाता है।
- कुछ छात्र ऐसे होते हैं जिन्हें दो बार पढ़ने से वह टॉपिक समझ में आता है।
- कुछ ऐसे भी छात्र हैं जिन्हें उस टॉपिक के नोट्स बनाकर लिखने के बाद ही वह टॉपिक समझ में आता है, याद हो पाता है।

- कुछ छात्र ऐसे भी होते हैं जिन्हें याद तो सब कुछ होता है, आप उनसे उस टॉपिक पर वार्तालाप करें तो वे आपको इतनी जानकारी दे देंगे कि आप हतप्रभ रह जाएँगे लेकिन उनका परीक्षा में उत्तर लिखने का तरीका, उनका प्रस्तुतीकरण इतना असंगत, अस्पष्ट होता है कि बहुत कुछ अच्छी जानकारी होने पर भी वे अच्छे अंक प्राप्त नहीं कर सकते हैं।

अंक तो इस आधार पर आते हैं कि आपने क्या लिखा, न कि इस आधार पर कि आपको क्या आता है। ऐसे छात्र साक्षात्कार में अधिक सफल होते हैं लेकिन लिखित में विशेषत: व्याख्यात्मक प्रश्न-पत्र में अच्छे अंक प्राप्त नहीं कर पाते हैं। **सबसे महत्त्वपूर्ण यह है कि छात्र स्वयं की कमजोरियों एवं कमियों को पहचानें एवं प्रयास करके उन्हें दूर करें।**

स्पष्ट बात है कि यदि आप किसी टॉपिक को लिखने के बाद ही समझ सकते हैं, याद कर सकते हें, आपका विश्वास तभी विकसित होता है, जब आप उस टॉपिक पर नोट्स तैयार कर लेते हैं।

तो आपको नोट्स बनाने की आदत डालनी होगी। ...अगर आप सफल होना चाहते हैं तो! यदि आप किसी टॉपिक को दो बार पढ़कर ही, उसे सन्तोषप्रद रूप से समझ पाने में समर्थ हैं तो दो बार ही पढ़ें।

हर छात्र की क्षमता/योग्यता अलग-अलग है। अपनी क्षमता/योग्यता का सही आँकलन करें, अपनी कमजोरियों/कमियों को पहचानें, उनके अनुसार ही अपनी तैयारी करें।

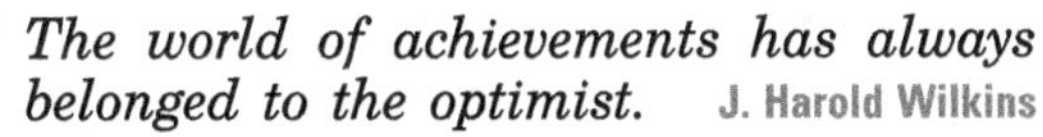

The world of achievements has always belonged to the optimist. — J. Harold Wilkins

② सफलता के छोटे मार्गों में विश्वास

बहुत-से छात्र परीक्षा में पास होने के लिए शॉर्टकट का सहारा लेते हैं। एकेडमिक परीक्षा में तो सप्ताह सीरीज, शॉर्टकट्स इत्यादि पढ़कर पास होना फिर भी सम्भव है, लेकिन प्रतियोगी परीक्षाओं में असम्भव है। वैसे इन परीक्षाओं में भी जो छात्र, शॉर्टकट्स का सहारा लेकर, परीक्षा देते हैं वे भी प्रश्न-पत्र का पैटर्न परिवर्तित होने पर धोखे में रह जाते हैं।

हमने देखा है कि जैसे ही किसी प्रतियोगी परीक्षा के फॉर्म भरे जाने शुरू होते हैं, शहर की विभिन्न कोचिंग संस्थानों के विज्ञापन आने शुरू हो जाते हैं, वे मात्र 2-3 माह में हर विषय की पूरी तैयारी कराने का दम भरते हैं एवं अपने पिछले रिकॉर्ड्स (Passing Candidates) को बढ़ा-चढ़ाकर बताते हैं। छात्र ऐसी संस्थाओं में प्रवेश लेने के बाद स्वयं का भविष्य सुरक्षित समझते हैं। **उनकी मनःस्थिति ऐसी होती है जैसे अब उनको पास कराने की जिम्मेदारी बस उस संस्थान की है।**

जरा सोचें

क्या कोई कोचिंग इन्स्टीट्यूट मात्र 2-3 माह में आपके सभी विषयों की पूरी तैयारी करा सकता है? यह एक सहायता तो आपको दे सकता है, आपकी विशेष कमजोरी को दूर करने हेतु रास्ता तो बता सकता है लेकिन जब तक आप पहले से ही उस अभीष्ट परीक्षा हेतु तैयार नहीं हैं, मात्र कोचिंग संस्थानों में प्रवेश लेने से कुछ नहीं हो सकता है।

③ ऊँची महत्त्वाकांक्षाएँ *कमजोर नींव*

बहुत-से छात्र, अन्य छात्रों का अनुसरण करते हुए, किसी अभीष्ट परीक्षा की तैयारी हेतु, कोचिंग संस्थाओं में प्रवेश ले लेते हैं, बिना यह सोचे हुए कि वे इतने सझम हैं भी या नहीं। जैसे-छात्र IIT या CAT परीक्षाओं की तैयारी हेतु, अपने शहर या अन्य शहरों में जाकर, कोचिंग संस्थाओं में प्रवेश ले लेते हैं। ऐसे छात्रों में से अधिकांश छात्रों की नींव बहुत कमजोर होती है। छात्र जीवन के बाद, जीवन में इतनी तरह की व्यस्तताएँ बढ़ जाती हैं, सामाजिक/आर्थिक बन्धन इतने हो जाते हैं कि फिर विरले ही लोग आगे पढ़ाई करने की हिम्मत जुटा पाते हैं।

> *It is not because things are difficult that we do not dare, It is because we do not dare that they are difficult.* **Seneca**

आजकल जगह-जगह पर, शहरों में ऐसे कोचिंग संस्थान खुले पड़े हैं जो छात्रों की इस तरह की महत्त्वाकांक्षाओं के बलबूते आज करोड़ों रुपये कमा रहे हैं। ऐसे छात्र जिनका कक्षा-XII में प्राप्त अंक प्रतिशत मात्र 60%-70% तक ही होता है वे IIT जैसी परीक्षा की तैयारी, हेतु कोचिंग संस्थान में प्रवेश ले लेते हैं, उन्हें वास्तविक रूप से 90%-95% अंक प्राप्त छात्रों से स्पर्धा करनी होती है। अधिकांशतया परिणाम जब आता है तो ऐसे कमजोर नींव वाले छात्र 'फेल' हो जाते हैं। **कोचिंग संस्थान मात्र छात्रों को सहारा प्रदान करते हैं, वास्तविक रूप में तो सफलता छात्रों की स्वयं की मेहनत एवं लगन पर निर्भर है।**

जरा सोचें

एक छात्र जिसने कक्षा-XII में मात्र 60%-70% तक ही अंक प्राप्त किए हैं क्या वह कोचिंग संस्थान के बल पर 90%-95% अंक प्राप्त करने वाले छात्र से मुकाबला कर सकता है?

इसी तरह स्नातक स्तर तक औसत अंक प्राप्त करने वाला छात्र, जिसकी न अंग्रेजी बहुत अच्छी है, न गणित बहुत अच्छा है, वह जब CAT की परीक्षा हेतु किसी कोचिंग संस्थान में प्रवेश लेता है, तो उन मेधावी छात्रों के मुकाबला करना होता है जो अंग्रेजी एवं गणित में उससे बहुत आगे हैं।

उच्च महत्त्वाकांक्षा रखना कोई गलत बात नहीं है। लेकिन छात्रों को अपनी क्षमता/योग्यता का आकलन अवश्य करना चाहिए। जो छात्र कक्षा-XII तक तो मस्ती मारते हैं, अपना समय व्यर्थ चीजों में बर्बाद करते हैं, वे इच्छा यह रखते हैं कि अब वे IIT में सफल हो जाएँ।

> *Courage to start and willingness to keep everlasting at it are the requisites for success.*
> **Alonzo Newton Benn**

आपके द्वारा नष्ट किया समय, आपको ही तो दुःख देगा। इसी प्रकार CAT या अन्य किसी प्रतियोगिता परीक्षा में सफलता की महत्त्वाकांक्षा रखने वाले छात्रों को अपना आकलन, उन छात्रों के सापेक्ष में करना होगा, जो उनसे बहुत श्रेष्ठ हैं।

हम यह नहीं कहते कि, मेहनत करने से आप श्रेष्ठतर स्तर को प्राप्त नहीं कर सकते। कर सकते हैं, अवश्य कर सकते हैं लेकिन आपकी महत्त्वाकांक्षाएँ आपके स्तर के अनुकूल ही होनी चाहिए।

याद रखें

असफलता का कारण उच्च महत्त्वाकांक्षा नहीं, बल्कि कमजोर नींव है और कमजोर नींव पर कभी बहुमंजिली इमारत नहीं बन सकती है।

> *If you want to achieve great success, make your foundation strong, with poor foundation, you shall tumble to the ground.*

 जहरीला वातावरण *असफलता का सबसे बड़ा कारण*

आज का छात्रवर्ग ऐसे जहरीले/दूषित वातावरण में से गुजर रहा है जिसमें नैतिकता एवं चरित्र मूल्यहीन हो चुके हैं एवं चारों तरफ अश्लीलता, कुत्सित विचार, कुकामनाओं का बोलबाला है। छात्रों में बढ़ती धूम्रपान, ड्रग्सपान, मदिरापान की आदतें, पश्चिमी सभ्यता एवं संस्कृति का अन्धानुकरण, छात्र-छात्राओं में सेक्स के प्रति खुलापन, येन-केन-प्रकारेण शीघ्र अमीर बनने की कामनाओं के कारण बढ़ती आपराधिक प्रवृत्ति, वर्तमान वातावरण में स्पष्ट दृष्टिगोचर हैं।

आदर्शहीन समाज, जहाँ भ्रष्टाचार का बोलबाला है। मेहनत एवं ईमानदारी से जीवन-यापन की अपेक्षा, येन-केन-प्रकारेण (By hook or by crook) पैसा कमाना सर्वोच्च प्राथमिकता है, औकात से अधिक व्यय करना, दिखावा जहाँ प्रमुखता पाता है। बलात्कार, हिंसा की खबरें आम बात बन चुकी हैं, अमर्यादित जीवन-यापन, जश्न एवं पार्टीबाजी सफलता की सीढ़ी हैं। ऐसे वातावरण में किशोर व छात्र-छात्राओं से सही रास्ते पर चलकर, सही मायने में सफल होने की उम्मीदें करना, अमावस में चन्द्रमा की तलाश के समान है।

वर्तमान समय में छात्रवर्ग बहुत कठिन, दुर्गम स्थितियों से दो-चार हो रहा है। किशोरावस्था में छात्र/छात्राओं में होने वाले शारीरिक परिवर्तनों के कारण विपरीत लिंग के प्रति स्वाभाविक लगाव/आकर्षण रहता है। इसके अतिरिक्त जिस तरह की फिल्में आज बन रही हैं, टी. वी. सीरियल में सेक्चुअल सम्बन्धों के प्रति जिस तरह की उदारता एवं खुलापन दर्शाया जा रहा है, इन्टरनेट साइबर कैफे का जिस तरह जाल बिछा हुआ है, छात्रवर्ग जिस तरह इन्टरनेट पर सरलता से उपलब्ध अश्लील सामग्री का रसपान करता देखा जा रहा है। 95% छात्रवर्ग उम्र से पहले सैक्स के हर पहलू के बारे में स्वयं की जानकारी का दावा करता देखा जा सकता है।

छात्रों में व्याप्त विकृत/कुत्सित एवं कामुक मनोविचारों हेतु इन्टरनेट बहुत अधिक जिम्मेदार है। विदेशी चैनल्स पर दिखाई जाने वाली पिक्चर्स में चुम्बन तो बहुत आम है, इसके अतिरिक्त अश्लीलता को कहानी की माँग के आधार पर जिस तरीके से परोसा

जा रहा है वह सब एक ऐसे जहरीले वातावरण को जन्म दे चुका है, जो आज के छात्रवर्ग की असफलता हेतु बहुत कुछ जिम्मेदार है। छात्र-छात्राओं द्वारा फिल्मी नायक-नायिकाओं की तरह उत्तेजक कपड़े पहनना, क्या छात्रवर्ग की अपने लक्ष्य को प्राप्त करने की गम्भीरता को कहीं व्यक्त करता है?

> स्कूल/कॉलेजों में आज जिस तरह सज-सँवर कर छात्रवर्ग जाता है, वह कहीं-न-कहीं तो आपको अपने लक्ष्य से डिगा ही रहा है।

कपड़ों में विभिन्न प्रकार के परफ्यूम का प्रयोग किसलिए?

क्या आप अन्य को अपनी ओर आकर्षित करने की इच्छा रखते हैं? क्या आप स्वयं को 'हीरो' की तरह प्रदर्शित नहीं करना चाह रहे हैं?

> ### याद रखें
>
> Seven/Ten years from now it won't matter what shoes you wore or the jeans you bought. What will matter is what you achieved and where you stood?
>
> **अब से 7-10 वर्ष बाद इसका कोई मायने नहीं होगा कि आपने कैसे जूते पहने, आपके बाल कैसे दिखते थे, आपने कैसी जीन्स खरीदी।** महत्त्वपूर्ण होगा कि आपने जीवन में क्या प्राप्त किया एवं आप अब कहाँ खड़े हैं अर्थात् आप की सामाजिक स्थिति क्या है?

फिल्मी हीरो/हीरोइनों की नकल करके तो आप असली हीरो बन नहीं सकते, असली हीरो बनने के लिए आपको बहुत त्याग, तपस्या करनी होगी।

संचार साधनों में हुई क्रान्ति ने मोबाइल फोन को हर आम-खास की जरूरत बना दिया है। छात्रवर्ग में मोबाइल फोन नहीं होना, एक हीनता का द्योतक बन गया है। छात्र-छात्राओं द्वारा मोबाइल फोन का दुरुपयोग किस तरह से किया जा रहा है इसके बारे में बहुत अधिक लिखने की आवश्यकता शायद नहीं है। सारे दिन माता-पिता से छुपकर, पढ़ाई का नाटक करते हुए, (माता-पिता के आने पर पढ़ाई की बातें शुरू कर देना) मजे ले-लेकर बातें करना खूब देखा जा सकता है।

5 बुरी आदतें–बुरी संगत–अपव्यय

आज का छात्र बहुत विपरीत परिस्थितियों से गुजर रहा है। सड़क बहुत फिसलन भरी है, जगह-जगह गड्ढे हैं, कुएँ हैं, खाइयाँ हैं, बहुत विवेक से सम्भलकर एक-एक कदम बढ़ाने की आवश्यकता है। अत्यधिक संयम नैतिक बल, मानसिक शक्ति की आवश्यकता है, आज के छात्रवर्ग को एक बार फिसले तो सम्भलना बहुत मुश्किल होगा। बुरी आदतें जितनी शीघ्र अपने जाल को बुनती है; अच्छी आदतें; अच्छे विचारों पर दृढ़ रहना उतना ही कठिन है।

आज का अधिकांश छात्रवर्ग एक-न-एक बुरी आदत का शिकार है। जर्दा मिली चुरी, पान मसाला, धूम्रपान तो आम बात है, बहुत-से छात्र, ड्रग्स लेने, मदिरापान के अभी से आदि हो चुके हैं। खासतौर से अमीर परिवार के छात्रवर्ग में ये आदतें खूब पाई जाती हैं, जिसका शिकार मध्यमवर्गीय एवं गरीब परिवार से आए छात्र भी हो जाते हैं।

माता-पिता, बच्चों की अच्छी परवरिश को ध्यान में रखते हुए, अपने साथियों के मध्य, लघुता (Inferiority) महसूस न हो, उन्हें मनचाही राशि उपलब्ध कराते हैं। कई छात्र तो माता-पिता से विभिन्न प्रकार के झूठ बोलकर, उन्हें सीधे-सीधे बेवकूफ बनाकर, धनराशि की माँग कर लेते हैं और इस धनराशि का अपव्यय वे अपनी गलत आदतों, पार्टी, जश्न में करते देखे जा सकते हैं। बुरी आदतों का जन्म बुरी संगत से होता है। सर्वप्रथम छात्र शौकिया कोई गलत कार्य करते हैं, फिर धीरे-धीरे यह शौक उनकी आदत बन जाता है। और इस शौक/आदत की पूर्ति हेतु न केवल माँ-बाप से झूठ बोलकर, पैसे ऐंठे जाते हैं बल्कि, चोरी-चकारी भी शूरू हो जाती है।

आज छात्रवर्ग में बढ़ती आपराधिक प्रवृत्ति हेतु कुछ ये बुरी आदतें जिम्मेदार हैं। अपव्यय की प्रवृत्ति उन्हें अपराध के लिए उकसाती है।

एक सर्वेक्षण के अनुसार, 15 से 20 वर्ष उम्र में लगभग 70% छात्र मदिरा का स्वाद चख चुके होते हैं। बढ़ते हुए अपराधों में युवा-पीढ़ी के सुशिक्षित का अधिक योगदान है। बड़े-बड़े संगीन जुर्मों में शिक्षित युवा-पीढ़ी लिप्त पाई गई है।

कानून की पकड़ से बचने के लिए, यह युवावर्ग बहुत बुद्धिमानी से अपराधों को अंजाम देता है। साइबर अपराधों के कितने ही मामलों में शिक्षित वर्ग की भूमिका सिद्ध हो चुकी है। चोरी-छिपे किसी छात्रा की अश्लील फोटो खींचकर उन्हें बेचना—यह दिल्ली विश्वविद्यालय केस एवं जम्मू-कश्मीर में अनारा गुप्ता के केस, ऐसे उदाहरण हैं जो स्वत: ही छात्रवर्ग में व्याप्त कुत्सित मनोविकार, येन-केन-प्रकारेण पैसे कमाने की भूख, नैतिक एवं चारित्रिक पतन को व्यक्त करते हैं।

जरा सोचें

एक सफल व्यक्ति से जब **असफलता** हेतु सबसे मुख्य कारण के बारे में पूछा गया तो उनका जवाब था—**बुरी संगत।** जब उनसे **सफल** होने का राज पूछा गया तो उनका कहना था—संयम एवं मेहनत।

एक भी बुरी आदत आपको 'असफल' करने हेतु पर्याप्त है और आप इतने जहरीले वातावरण में जी रहे हैं कि जहाँ गन्दी आदतें आपको हर तरफ पकड़ने, फँसाने हेतु लुभा रही हैं। अपने जीवन को 'सफल' बनाने के लिए आपको बहुत 'संयम', विवेक एवं उच्च नैतिक बल की आवश्यकता है।

एक घटना

एक धनी बाप का बेटा, जीप से कॉलेज जा रहा था। उसके साथ चार अन्य छात्र भी जीप में सवार हो गए। आगे जाकर कुछ लड़कियों का समूह रास्ते में खड़ा मिला। जीप ने हॉर्न दिया तो कुछ लड़कियाँ हट गईं दो लड़कियाँ अभी हट ही रही थीं कि धनी बाप के बेटे ने कमेन्ट किया।

''क्या सड़क तुम्हारे बाप की है, जो रास्ता नहीं छोड़ सकते, पता नहीं कि 'हम' आ रहे हैं?'' एक लड़की ने जवाब दिया, ''इतना अमीरजादा है तो अपनी प्राइवेट सड़क बनवा ले'' और वह वहीं खड़ी हो गई।

अमीरजादे ने जवाब दिया—''हट जा नहीं तो जीप चढ़ा दूँगा।''

बात बढ़ गई—लड़की भी अड़ गई। कहा, ''चढ़ा कर बता''।

अमीरजादे का गुस्सा सातवें आसमान पर था, उसे कुछ नहीं सूझा, बस जीप चढ़ा दी, और लड़की ने दम तोड़ दिया। पुलिस केस बन गया।

उस अमीरजादे के साथ, जीप में बैठे अन्य चार छात्र भी पकड़ लिए गए। पाँचों की जिन्दगी तबाह हो गई।

देखा—बुरी संगत का प्रभाव/नुकसान। ऐसा कई बार हो जाता है। कई बार ऐसे छात्र के चक्कर में पड़कर, कई निर्दोष छात्रों की जिन्दगी भी बर्बाद/तबाह हो जाती है। **कहते हैं कि ''आग के पास बैठने से तपन तो लगेगी ही।''**

याद रखें

कोयले का संग कालिख के अतिरिक्त कुछ और कभी नहीं दे सकता।

---

⑥ निरन्तर मेहनत न कर पाना

Perseverance का अर्थ है, किसी लक्ष्य प्राप्ति हेतु निरन्तर मेहनत करना। आज अधिकांश छात्रवर्ग को हर कार्य तुरन्त चाहिए। उनकी सोच महत्त्वाकांक्षाएँ बहुत बड़ी हैं।

छात्रों के एक समूह में जब यह पूछा गया कि आप जीवन में क्या बनना चाहते हैं? तो जवाब कुछ इस प्रकार थे—

- मैं **IAS/PAS** बनना चाहता हूँ।
- मैं **इन्जीनियर** बनना चाहता हूँ।
- मैं **साइन्टिस्ट** बनना चाहता हूँ।
- मैं एक बड़ी कम्पनी का **CEO** बनना चाहता हूँ।
- मैं **करोड़पति** बनना चाहता हूँ।

कोई भी छात्र, क्लर्क नहीं बनना चाहता/हर छात्र की महत्त्वाकांक्षा बहुत ऊँची है। अच्छी बात है लक्ष्य ऊँचा रखना एक बहुत अच्छी सोच को व्यक्त करता है। लेकिन उस लक्ष्य को प्राप्त करने हेतु, जो निरन्तर उद्योग/प्रयास, कड़ी मेहनत (Perseverance) की आवश्यकता है, वह अधिकांश छात्रों में नहीं पाई जाती है।

> *जब अन्य लोग सो रहे हों तो आप अध्ययन कीजिए, जब अन्य लोग घूम-फिर रहे हों, तब आप काम कीजिए, जब अन्य लोग खेल रहे हों तब तैयारी कीजिए, और जब अन्य लोग मात्र इच्छा कर रहे हों तब आप सपने देखिए।*

बहुत-से छात्र ऐसे देखे जा सकते हैं जो एकेडमिक योग्यता अर्जित करने हेतु बहुत मेहनत करते हैं, लेकिन जब कोई प्रतियोगीता परीक्षा देनी हो तो वे पार्ट टाइम जॉब की तरह मेहनत करते हैं।

- आप IAS तो बनना चाहते हैं, लेकिन उसके लिए जिस कड़ी मेहनत की आवश्यकता है, वह आप नहीं करते, आप एक कलर्क की तरह पढ़ाई करके, सफलता चाहते हैं।

- एक कम्पनी का CEO का सपना देखने वाला विद्यार्थी अपनी अंग्रेजी को भी ठीक करने हेतु मात्र कोचिंग संस्थान पर निर्भर रहता है।

- करोड़पति बनने का सपना देखने वाला छात्र अपने छात्र-जीवन में सुबह 9 बजे उठकर सारे दिन में मात्र 2 घण्टे पढ़ाई करके लक्ष्य प्राप्त करने की सोचता है।

- वैज्ञानिक बनने की चाह रखने वाला छात्र कहता है कि सायंकाल कोई पढ़ाई का समय होता है क्या? उसे अपने दोस्तों के साथ सैर-सपाटा, पार्टीबाजी बहुत पसन्द है।

ऊँचा लक्ष्य प्राप्त करना है, तो उसके अनुसार स्वयं को ढालना होगा।।

याद रखें

यह छात्र-जीवन है, जो आपको अपने भविष्य निर्माण हेतु पूरा अवसर देता है। इस समय को यदि आप व्यर्थ करते हैं तो न तो इतना उचित समय कभी जीवन में मिलेगा और न फिर आप अपना लक्ष्य पूर्ण कर पाएँगे।

छात्र-जीवन के बाद, जीवन में इतनी तरह की व्यस्तताएँ बढ़ जाती हैं, सामाजिक/आर्थिक इतने बन्धन हो जाते हैं कि फिर विरले ही लोग आगे पढ़ाई करने की हिम्मत जुटा पाते हैं। छात्र-जीवन में आपका एक ही काम है—पूर्ण ईमानदारी से कड़ी मेहनत करें अपने लक्ष्य को प्राप्त करें। आप पर कोई सामाजिक/आर्थिक बन्धन नहीं हैं।

> कुछ लोग मेरी सफलता का श्रेय, मेरी बुद्धिमत्ता को देते हैं। मुझे तो केवल इतना पता है कि मेरी सारी की सारी बुद्धिमत्ता केवल कठिन एवं लगातार परिश्रम का परिणाम है।　—एलेक्जेण्डर हैमिल्टन

डेनियल वेबस्टर ने बहुत अच्छी बात कही है—''जो कुछ मैं हूँ वह मेहनत करके बना हूँ। मैंने जीवनभर सुस्ती से रोटी का एक टुकड़ा भी नहीं खाया।''

> Talent alone is not suffice to achieve goal, Without 'perseverance', your 'talent' can keep you above the blind, But you will never be the best among the elite.

> मात्र प्रतिभा के बूते आप लक्ष्य हासिल नहीं कर सकते हैं। बिना लगातार परिश्रम के 'प्रतिभा' आपको 'अन्धों में काना राजा' तो बना सकती है लेकिन 'श्रेष्ठों में श्रेष्ठतर' कभी नहीं।

 7 प्रेम-प्यार एवं छात्र जीवन

फिल्मों एवं सीरियलों से जन्मी यह छूत की बीमारी, आज छात्रवर्ग में खूब व्याप्त है। मजे की बात यह है कि—

- छात्र के मूँछ के बाल भी पूरे उगे नहीं हैं, और वह कहता है मुझे प्यार हो गया है।
- कक्षा 11-12 के बहुत-से छात्र-छात्राएँ प्यार/प्रेम के रोग से ग्रस्त मिल जाएँगे। कॉलेज जहाँ छात्र-छात्राएँ अपना भविष्य बनाने हेतु प्रवेश लेते हैं, कुछ ही दिनों में प्रेम/प्यार के महासागर में डूबते-उतरते हुए देखे जा सकते हैं।

इस तरह की डायलॉगबाजी, छात्रवर्ग में खूब सुनने को मिलती हैं।

- 'Love at first sight.'
- 'प्यार ही तो जीवन है'
- 'प्यार के लिए, हम सारी दुनिया से टकरा सकते हैं।'

माता-पिता सोचते हैं—बेटा अपनी पढ़ाई पूरी करके, कहीं अच्छी नौकरी पर लगेगा, समाज में प्रतिष्ठा प्राप्त करेगा। लेकिन मालूम पड़ता है कि बेटा तो प्यार की पींगें बढ़ा रहा है। पढ़ाई हेतु कड़ी मेहनत करने की बजाय समाज से, माता-पिता से प्यार हेतु टकराने की कड़ी प्रतिज्ञा कर चुका है। **समाज में स्वयं को क्या प्रतिष्ठित करेगा, वह तो माता-पिता की प्रतिष्ठा धूल में मिलाने को तैयार है।**

इंजीनियरिंग कॉलेज में पढ़ने वाले छात्र ने अपने माता-पिता से कहा कि मैं उस लड़की से प्यार करता हूँ, उससे शादी करूँगा, आप क्या कहते हैं? माता-पिता ने समझदारी से काम लेते हुए कहा कि अभी इंजीनियरिंग पूरी करने में दो वर्ष और लगेंगे। अपना लक्ष्य हासिल करो, फिर जैसा तुम चाहोगे, हो जाएगा। छात्र माता-पिता की बात को मान गया। अगले वर्ष वह लड़की किसी अन्य लड़के से प्यार करने लग गई। कुछ समय वह छात्र बहुत अनमना परेशान रहा लेकिन फिर रास्ते पर आ गया।

प्यार/प्रेम का एक समय होता है। छात्र जीवन में प्यार/प्रेम का जुनून, आपको लक्ष्य से विमुख करता है। कई छात्र तर्क देते हैं कि—*"प्यार किया नहीं जाता हो जाता है।"* इसे तर्कों के आधार पर नकारने की अपेक्षा यह समझना आवश्यक है कि **भविष्य बनता नहीं, बनाया जाता है।**

भविष्य निर्माण हेतु, आपको बहुत संयमपूर्वक, स्वविवेक से, कठिन मेहनत करनी पड़ेगी। प्रेम/प्यार का जंजाल, आपके मस्तिष्क को इसके (प्यार/प्रेम) अतिरिक्त कुछ और सोचने ही नहीं देता।

कई छात्र स्कूल तक मेरिट में आते हैं। मित्रों, रिश्तेदारों, माता-पिता एवं स्वयं छात्र को जीवन में बहुत कुछ प्राप्त करने की आशा, उम्मीद होती है लेकिन कॉलेज के उन्मुक्त वातावरण में प्रेम/प्यार के झंझट में ऐसे फँसते हैं कि भविष्य अन्धकारमय हो जाता है।

कई छात्रों को छात्राओं से बात करने का, उनके साथ रहने का ऐसा मोह हो जाता है कि वे, एक-दो छात्राओं से धर्म-बहन का रिश्ता गाँठ लेते हैं।

कई मामलों में तो इस पढ़ाई पर कम, एवं अपनी धर्म-बहन पर, उसकी पढ़ाई पर अधिक ध्यान देखकर, यह प्रदर्शित करना चाहते हैं कि वे उसे सगी बहन की तरह मानते हैं। स्वयं के घर में यदि सगी बहन या माता-पिता ने कुछ कार्य दिया तो वे गुस्सा करते हैं, पढ़ाई की बात कहकर, टालते हैं, छोटे-से काम को भी बहुत अहसान जताकर करते हैं लेकिन धर्म-बहन के काम के लिए, न समय की चिन्ता है, न पैसे की, न स्वाभिमान की।

> *Property may be destryed and money may lose its purchasing power; but character, health, knowledge and good judgement will always be in demand under all conditions.*
> **Roger Badson**

कॉलेज-जीवन का प्रेम/प्यार, शादी के बाद कितना बना रहता है, यह एक अलग बिन्दु है, जिस पर बहुत चर्चा की जा सकती है। लेकिन कॉलेज जीवन में प्रेम/प्यार, आपके लक्ष्य प्राप्ति के प्रयासों में बाधा पहुँचाता है, आपको अपने लक्ष्य से विमुख करता है, यह कटु सत्य है।

आपकी क्षमता/योग्यता जो अपने लक्ष्यों को प्राप्त करने में काम आ सकती थी, वह प्रेम/प्यार के रोग से उत्पन्न विभिन्न सामाजिक कारणों को दूर करने में/टकराने में व्यय हो जाती है। और आप जिस पूरी क्षमता/योग्यता से आपने लक्ष्य प्राप्ति की ओर अग्रसर हो सकते थे, उसमें निश्चित ही कमी आती है। यह निर्विवाद तथ्य है, सत्य है।

8 दृढ़ निश्चय की कमी-घटता आत्मविश्वास

दृढ़ निश्चय (Determination) की कमी आज के अधिकांश छात्रों में देखी जा सकती है। छात्रों के एक समूह से प्रश्न किया गया कि **जीवन में आप जो कुछ बनना चाहते हैं, बन पाएँगे?** अधिकांश छात्रों के उत्तर निम्न प्रकार थे—

- मैं प्रयास तो करूँगा लेकिन बन पाऊँगा या नहीं, कह नहीं सकता।
- बनना न बनना तो मेरे हाथ में नहीं है, सब कुछ भविष्य में आने वाली परिस्थितियों पर निर्भर है।
- भाग्य साथ देगा तो बन जाऊँगा।
- एक छात्र का जवाब था, **''मुझे तो डॉक्टर ही बनना है। मैं डॉक्टर बनकर ही रहूँगा।''**

इस एक छात्र के अतिरिक्त अन्य सभी छात्रों ने जो जवाब दिए उनमें कहीं-न-कहीं, एक दृढ़ निश्चय की कमी, डाँवाडोल आत्मविश्वास दृष्टिगोचर होता है। दृढ़ निश्चय का अर्थ है, चाहे कुछ भी हो मुझे लक्ष्य प्राप्त करना है। इसके लिए जो भी प्रयास/मेहनत की आवश्यकता है, आपको करनी है। परिस्थितियाँ आती हैं, लेकिन दृढ़-निश्चय के आगे टिकती नहीं हैं। **दृढ़ आत्मविश्वास, दृढ़ निश्चय के साथ कड़ी मेहनत, आपमें लक्ष्य बेधने की सामर्थ्य पैदा करता है।** चरम पुरुषार्थ से नूतन भाग्य का निर्माण किया जा सकता है। पुरुषार्थ का तात्पर्य है—ऐसा कर्म जो मनचाहे लक्ष्य को प्राप्त करने की क्षमता, योग्यता प्रदान करता है। अटूट दृढ़ निश्चय, अदम्य आत्मविश्वास से ही पुरुषार्थ मिलता है।

> *Obstacles are those freightful things you see when you take your eyes off your goals.*
> **Henry Ford**

 9　अन्य छात्रों का अनुसरण/नकल

कई छात्र सुबह 4 बजे उठकर पढ़ना शुरू देते हैं, फिर दोपहर में दो घण्टे सोते हैं, फिर रात को 12 बजे तक पढ़ लेते हैं। जबकि कुछ छात्रों को दोपहर में नींद ही नहीं आती है। अत: यदि ऐसा छात्र दूसरे छात्र की नकल करने लग जाए तो उसका सारा कार्यक्रम ही गड़बड़ा जाएगा।

कई छात्र सारे दिन सोते हैं, अन्य छात्रों के सामने यह दिखावा करते हैं कि पढ़ने की कोई चिन्ता नहीं है। पढ़कर क्या होगा? इस तरह की बातें करके वे अन्य छात्रों को गुमराह करने का प्रयास करते हैं एवं स्वयं सारी रात पढ़ते हैं।

कई छात्र, अपने मित्रों का अनुसरण करके ट्यूशन लेते हैं चाहे उन्हें इसकी जरूरत ही नहीं हो। यदि मित्र ने कोई नई किताब खरीदी है तो छात्र उस किताब को अवश्य खरीदेगा चाहे उसके स्वयं के पास उससे अच्छी किताब पहले से ही क्यों न हो। कई छात्र दूसरों को गुमराह करने के लिए भी नई-नई किताबों का नाम बता देते हैं।

यहाँ तक भी देखा गया है कि कई छात्र ऐन परीक्षा के पहले, अपने मित्र को नोट्स बनाता देखकर, स्वयं नोट्स बनाना शुरू कर देते हैं, चाहे नोट्स बनाने का अब समय बचा ही नहीं हो। कई छात्र तो परीक्षा का फॉर्म भी इसलिए भरते हैं कि उसके कई मित्रों ने वह फॉर्म भरा है, चाहे वह उस परीक्षा हेतु बिल्कुल भी तैयार नहीं है। यह एक तथ्य है कि प्रतियोगी परीक्षा में लगभग 20 प्रतिशत छात्र ही पहले से उचित तैयारी करके परीक्षा में बैठते हैं। 80 प्रतिशत छात्र मात्र इसलिए परीक्षा में बैठते हैं कि उनके मित्र भी परीक्षा में बैठ रहे हैं या माता-पिता को गुमराह करने के लिए, यह बताने के लिए कि वह नौकरी प्राप्त करने हेतु अपनी तरफ से पूरा प्रयास कर रहा है, परीक्षा फॉर्म भर देते हैं।

परिणाम आप स्वयं सोच सकते हैं कि क्या होता है? और फिर अपनी असफलता हेतु, पता नहीं क्या-क्या कहानियाँ गढ़ लेते हैं।

> *Positive attitude and positive thinking along with perserverance and determination to achieve what you desire are the basic requirements of winning a game positively.*　　Author

मुख्यतया प्रतियोगी परीक्षाओं के सन्दर्भ में एक बात समझ लेनी चाहिए कि, यह कोई स्कूली परीक्षा नहीं है, जिसमें 36-40 प्रतिशत अंक आने पर आप पास हो जाएँगे। यहाँ आपको, अन्य से अच्छे अंक लाने होंगे। आपकी तैयारी, दूसरों की नकल करके फॉर्म भरने से नहीं हो जाएगी, आपको दूसरों से अधिक अंक लाने हेतु पूर्ण ईमानदारी से, लगातार एवं कड़ी मेहनत करने की आवश्यकता है।

दूसरों की दिनचर्या/कार्यकलापों की जानकारी स्वयं को प्रेरित करने हेतु आवश्यक हो सकती है, लेकिन स्वयं की कमजोरियों, कमियों एवं खूबियों (Strengths) का आँकलन करके ही सफल होना सम्भव है।

---

10 अन्य गतिविधियाँ

बहुत-से छात्रों को स्कूल/कॉलेज जीवन में अन्य गतिविधियों   बहुत बढ़-चढ़कर भागीदारी लेते हुए देखा जाता है।

आजकल स्कूलों/कॉलेजों में विभिन्न प्रकार के प्रोग्रामों का आयोजन किया जाता है। जिनका वास्तविक उद्देश्य छात्रों का व्यक्तित्व विकास न होकर अपने स्कूल/कॉलेज का प्रचार/प्रसार होता है; जैसे—'किसी मेले का आयोजन' 'रक्तदान शिविर' का आयोजन, 'वार्षिक कार्यक्रम' पर बाहर से किसी कलाकार को बुलाकर उसकी टिकट इत्यादि बेचने का कार्य छात्रों से करवाना, किसी मैगजीन हेतु छात्रों के माध्यम से चन्दा एकत्र करवाना इत्यादि।

यद्यपि इस तरह के प्रोग्रामों के आयोजन से छात्र कुछ सीखता भी है। इनमें भाग लेना गलत भी नहीं कहा जा सकता है, लेकिन यदि इस तरह के कार्यक्रमों में भाग लेना आपकी पढ़ाई की कीमत पर है तो आपका इस तरह के प्रोग्रामों में बढ़-चढ़कर भाग लेना गलत ही कहा जाएगा।

आपका मुख्य ध्येय पढ़ाई करना है। आपको अपने मुख्य लक्ष्य/ध्येय का ध्यान पहले रखना है। कई बार छात्रों के 15-20 दिन इन कार्यक्रमों में भाग लेने के कारण बर्बाद होते हुए देखे गए हैं। अत: ऐसी स्थिति से दूर रहना ही लाभप्रद होगा।

> *Don't lose the sight of your primary aim at any cost, in all circumstances.*
>
> *अपने मुख्य लक्ष्य को किसी भी कीमत पर, किन्हीं भी परिस्थितियों में आँखों से ओझल न होने दें।*

11 समूह में पढ़ाई

बहुत-से छात्र अपने साथियों के साथ एक साथ समूह में पढ़ाई करते हैं। समूह में पढ़ाई (Group Study) पढ़ाई का बहुत अच्छा तरीका है लेकिन प्राय: देखा यह जाता है कि समूह में पढ़ाई करने वाले छात्र पढ़ाई में कम एवं व्यर्थ बातों में ज्यादा समय व्यतीत करते हैं। ऐसे समूह में कुछ छात्र ऐसे भी होते हैं जो अन्य की अपेक्षा बहुत कमजोर होते हैं या यह कहें कि सापेक्षिक (Relatively) रूप से कम योग्यता रखते हैं। वे समूह में पढ़ाई करके अपनी कमजोरियों को तो दूर करना चाहते हैं, लेकिन समूह में पढ़ाई करने का जो लाभ सभी को मिलना चाहिए, वह नहीं मिल पाता है।

समूह में, लगभग समान योग्यता वाले छात्र हैं एवं सभी गम्भीरतापूर्वक पढ़ने वाले छात्र हैं तो प्रत्येक छात्र, दूसरे अन्य छात्रों को सहयोग एवं सम्बल प्रदान कर सकता है। लेकिन यदि योग्यता-स्तर में बहुत अन्तर है या एक-दो छात्र पूर्ण गम्भीर नहीं हैं तो इस तरह के समूह में पढ़ने का कोई लाभ नहीं है।

अभिभावकों को यह ध्यान अवश्य रखना चाहिए कि किस तरह के समूह में उनका बच्चा पढ़ाई कर रहा है।

> *You have only a few to make your destiny, use this time with utmost care and diligence.*
> **Author**

कई बार यदि एक कमजोर छात्र अन्य होशियार छात्रों के समूह में भी पढ़ रहा है तो वह फ्रस्ट्रेशन का भी शिकार हो सकता है एवं यदि होशियार छात्र, अन्य कमजोर छात्रों के समूह में पढ़ रहा है तो उसका समय अन्य छात्रों की समस्याओं को हल करने में भी व्यर्थ हो जाता है। साथियों का सहयोग करना गलत नहीं है, लेकिन यह यदि आपकी स्वयं की पढ़ाई की कीमत पर है तो इसे उचित नहीं ठहराया जा सकता है।

> *Don't pretend to study, but do actual study. If group study wastes your time, avoid it.*

12 भाग्यवादी रवैया

MBA में प्रवेश हेतु CAT (Common Aptitude Test) देने जा रहे कुछ छात्रों से प्रश्न पूछा गया कि उन्हें इस परीक्षा में सफलता प्राप्त होने की क्या सम्भावनाएँ लगती हैं? छात्रों के उत्तर कुछ निम्न प्रकार थे—

- तैयारी तो की है लेकिन सब भाग्य पर निर्भर है।
- CAT के लिए कितनी भी तैयारी कर लो, परीक्षा में कैसा मूड रहता है, यह कोई कुछ नहीं कह सकता।
- अंग्रेजी में कुछ कमजोरी है बाकी सभी भागों में कोई समस्या नहीं है, देखो भाग्य में हुआ तो इस बार तो सफल हो ही जाऊँगा।
- CAT में पास होने से भी क्या होता है, इसके बाद भी सामूहिक परिचर्चा एवं साक्षात्कार होता है, पूर्ण सफलता तो भाग्य पर ही निर्भर है।

ऐसी महत्त्वपूर्ण परीक्षा देने वाले छात्रों में अधिकांश ने भाग्य को ही अपनी सफलता, असफलता हेतु जिम्मेदार बताया।

जो छात्र भविष्य में किसी कम्पनी के CEO पद पर कार्य करके उस कम्पनी के भाग्य को बदलने का दावा करेंगे, वे आज स्वयं की सफलता के लिए भाग्य पर आश्रित हैं। यह दृष्टिकोण, हर प्रतियोगी परीक्षा में बैठने वाले अधिकांश छात्रों का रहता है और अधिकांश छात्र असफल होते हैं। यह बात बहुत कम लोगों के गले उतरती है कि आप स्वयं के भाग्य निर्माता हैं। चरम पुरुषार्थ से नूतन भाग्य का निर्माण किया जा सकता है।

कोई भी सफल व्यक्ति, जो कभी असफल भी हुए (अधिकांश सफल व्यक्ति जीवन में सफल होने से पूर्व, असफल भी होते हैं।) अपनी सफलता या असफलता के लिए भाग्य को जिम्मेदार नहीं मानते हैं। एक सफल व्यक्ति ने अपनी सफलता का श्रेय, असफलता से मिलने वाली सीख एवं दृढ़ निश्चय को दिया। उनका मानना है कि—जितनी बार गिरो उतनी बार पूर्ण दृढ़ निश्चय से उठो एवं आगे बढ़ो। वस्तुतः सफलता का राज असफलता में ही छुपा है। अतः सफल होना है तो स्वयं पर विश्वास रखें, दृढ़ निश्चय से लक्ष्य प्राप्ति की ओर, हर परिस्थिति में बिना डिगे बढ़ते जाएँ—'सफलता' आपका आलिंगन करेगी।

> *If someone betrays you once, it's his fault. If he betrays you twice, it's your fault. Beware of the betrayers.*

असफलता आपको आपकी कमजोरियों, कमियों से अवगत कराती है, जो दूर कर लेता है, पुनः पुनः प्रयास करता है, 'सफल' होता है। इसीलिए तो कहा है—

> *Failures are the pillars of success.*
>
> *असफलताएँ ही सफलता का आधार हैं।*

भाग्य सच है, और यह भी सच है कि व्यक्ति अपने दृढ़ निश्चय से अपने भाग्य का निर्माण कर सकता है।

> *असफलता एक चुनौती है, स्वीकार करो,*
> *क्या रह गई कमी, पहचानें, सुधार करो,*
> *जब तक न मिले सफलता, पुनः प्रयास करो।*
> *दूने जोश से करो मेहनत, स्वयं में विश्वास रखो।*
> *भाग्य के सहारे, नौका कभी पार नहीं होती,*
> *कोशिश करने वाली की, कभी हार नहीं होती।*

लक्ष्यहीनता

असफलता की सीढ़ी

बिना लक्ष्य के, आपकी आशाएँ, महत्त्वाकांक्षाएँ, सपने एवं खुशी की प्राप्ति लगभग असम्भव है। बड़ी साधारण-सी बात है, जब आपने कोई लक्ष्य ही निर्धारित नहीं किया तो, उसकी प्राप्ति की बात सोचने का कोई आधार ही नहीं है।

लक्ष्यहीन व्यक्ति की स्थिति हवा के झोंके से उड़ने वाले सूखे पत्ते की तरह है, जिसका कोई लक्ष्य नहीं बल्कि उसका लक्ष्य हवा-रूपी परिस्थितियाँ ही निर्धारित करती हैं। लक्ष्य निर्धारण न करने हेतु छात्रों द्वारा कुछ निम्न प्रकार के कारण बताए जाते हैं—

- मुझे पता नहीं लक्ष्य कैसे तय करें?
- लक्ष्य तय करने का मुझे कोई फायदा नजर नहीं आता बल्कि, इससे मुझे तनाव हो जाता है।
- एक दो बार मैंने पहले कभी लक्ष्य तय किए थे लेकिन कोई लाभ नहीं हुआ।
- लक्ष्य तक करने का कोई लाभ नहीं, ''होगा वही जो राम रच राखा।।''
- मैं लक्ष्य तय करूँ या न करूँ, मेहनत तो हमेशा समान ही करूँगा।

इस तरह के कई प्रकार के तर्क, बहाने, छात्रों द्वारा लक्ष्य तय नहीं करने हेतु दिए जाते हैं। एक और महत्त्वपूर्ण बिन्दु यह भी है कि बहुत-से छात्र, लक्ष्य तो मन में तय कर लेते हैं, कई अपने मित्रों को/घर वालों को बता देते हैं, कई नहीं भी बताते हैं, लेकिन उस लक्ष्य प्राप्ति हेतु आवश्यक प्रयास नहीं करते हैं। फिर यह लक्ष्य, लक्ष्य है ही नहीं, मात्र दूसरों के सामने 'डींग' मारना भर है।

> *Real success comes to one who has the capability to turn his failure into grand success.*

लक्ष्य निर्धारण के लाभ

- लक्ष्य निर्धारण करने से आपकी शक्ति समय एवं प्रयास एक निश्चित दिशा में कार्य करते हैं।
- लक्ष्य निर्धारण आपको सही निर्णय लेने में सहायक होता है।
- लक्ष्य निर्धारण से आपको उस लक्ष्य को प्राप्त करने हेतु आवश्यक उत्प्रेरण (Motivation) मिलता है।
- लक्ष्य निर्धारण से आप उस लक्ष्य को प्राप्त करने हेतु अनुशासित होकर प्रयास करने लगते हैं।
- लक्ष्य निर्धारण का अर्थ, आपमें 'आत्मविश्वास का होना' व्यक्त करता है। यह आत्मविश्वास ही आपकी शक्ति/सामर्थ्य को लक्ष्य प्राप्ति की ओर अग्रसर करता है।
- लक्ष्य निर्धारण आपको आपके वर्तमान कार्यकलापों के सम्बन्ध में यह सोचने को मजबूर करता है कि कौन-से कार्यकलाप, लक्ष्य प्राप्ति में साधक हैं एवं कौन-से बाधक हैं।
- लक्ष्य निर्धारण आपको उचित योजना बनाकर उस लक्ष्य प्राप्ति की ओर योजनाबद्ध रूप से आगे बढ़ाता है।
- लक्ष्य निर्धारण आपमें स्वयं की शक्ति/ सामर्थ्य को आँकने का अवसर देता है।
- लक्ष्य निर्धारण के बाद, उस लक्ष्य की प्राप्ति ही सच्ची खुशी एवं सफलता है।

> *True Happiness and success is nothing but attainment of our Goals.*

लक्ष्य वास्तव में एक चुनौती है जो छात्र स्वयं के सामने रखता है। छात्र इस चुनौती को पूरा करने हेतु अपनी क्षमता, सामर्थ्य, योग्यता को संगठित रूप से एकजुट कर अन्य फालतू कार्यों को तिलांजलि देकर, विभिन्न परिस्थितियों का डटकर सामना करते हुए संकल्पित हो जाता है। यह संकल्प ही आपको सफलता की ओर अग्रसर करता है।

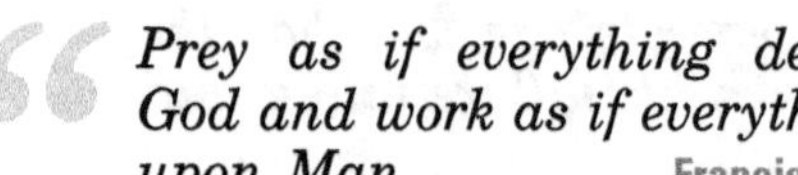

> *Prey as if everything depended upon God and work as if everything depended upon Man.*
> — Francis Cardinal Spellman

आपने क्या खोया?

मान लीजिए, आप अपने तयशुदा लक्ष्य को प्राप्त करने में असफल रहते हैं, तो भी सोचें—आपने क्या खोया? आप कम-से-कम अपनी योग्यता एवं क्षमता आकलन तो कर सकें?

आप यह तो जान सकें कि किन कारणों से आप असफल हुए हैं। यह जानना ही भविष्य में सफलता का मन्त्र है। अतः लक्ष्य निर्धारण को प्रतिदिन एक बार अवश्य याद करें। कुछ समय यह भी सोचने में व्यय करें कि क्या आप अपने लक्ष्य की ओर अग्रसर हैं?

अपनी क्षमता, योग्यतानुसार उस लक्ष्य प्राप्ति की ओर बढ़ते जाएँ बढ़ते जाएँ, सफलता आपके पास, और पास आती जाएगी।

नकारात्मक सोच *असफलता की चाबी*

एक छात्रावास में रहने वाले दो छात्र जोर-शोर से एक परीक्षा की तैयारी कर रहे थे। परीक्षा के प्रथम दिन का प्रश्न-पत्र कुछ कठिन, कुछ लीक से हटकर आने से दोनों इस प्रश्न-पत्र में अपनी उपलब्धि से सन्तुष्ट नहीं थे। दोनों कुछ दुखी भी थे, क्योंकि दोनों ने ही काफी कठिन परिश्रम किया था। दूसरा प्रश्न-पत्र दूसरे ही दिन था।

पहले छात्र की सोच

मेरी तो तकदीर ही खराब है। पहला पेपर ही खराब हो गया, जिसमें इतनी मेहनत की थी। आगे भी क्या ठीक होना है? सब बेकार है। इससे अच्छा तो मैं इस परीक्षा में बैठता ही नहीं तो ठीक रहता। अब क्या पढ़ना? सब बेकार है। मैं जो सोचता हूँ, कभी पूरा नहीं होता।

दूसरे छात्र की सोच

अरे एक पेपर जितना सोचा था, उतना अच्छा तो नहीं हुआ, पर कोई बात नहीं, कल का पेपर तैयार करूँ, कहीं इस पेपर के चक्कर में कल का पेपर गड़बड़ न हो जाए। वैसे आज वाला पेपर, अधिकांश छात्रों का ही पूरा ठीक तो नहीं हो सकता। अत: कल वाला पेपर खराब हो जाएगा यह सोचकर मुझे अपना समय नष्ट नहीं करना चाहिए। कल का पेपर बहुत अच्छा करना है। बस आज-आज ही तो पढ़ना है। चलो पढ़ते हैं, ईश्वर अवश्य सहायता करेगा।

एक छात्र नकारात्मक सोच के कारण, निराशा में डूबा हुआ है, पढ़ने की इच्छा नहीं है। अपने भाग्य को, स्वयं को कोस रहा है। जबकि दूसरा छात्र, हर बात को सकारात्मक रूप से सोचकर, पढ़ना शुरू कर देता है। उसे विश्वास है कि ईश्वर उसकी अवश्य सहायता करेगा।

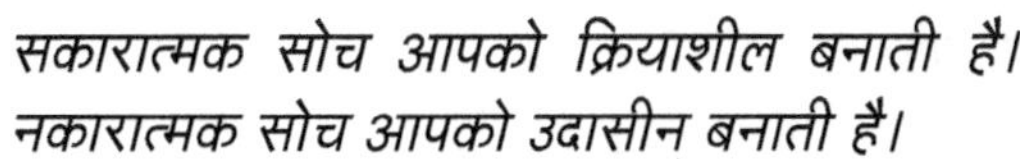

सकारात्मक सोच आपको क्रियाशील बनाती है।
नकारात्मक सोच आपको उदासीन बनाती है।

ध्यान दें !!!

एक **व्यक्तित्व विकास** (Personality Development) की क्लास में, वक्ता ने, बोर्ड पर गणित की निम्न समीकरणों को लिख—

$$4 + 8 = 12 \qquad \qquad ...(i)$$

$$6 + 8 = 14 \qquad \qquad ...(ii)$$

$$9 + 5 = 15 \qquad \qquad ...(iii)$$

$$2 + 12 = 14 \qquad \qquad ...(iv)$$

उपस्थित छात्रों से पूछा कि आप उक्त समीकरणों के बारे में अपने निरुपण बताएँ। 95% छात्रों ने बताया कि समीकरण (iii) गलत है। उनका निरुपण सही था। ऐसा ही सामान्यतया होता है, हमारा ध्यान सर्वप्रथम गलत/नकारात्मक तथ्य की ओर ही आकर्षित होता है। छात्र यह भी तो कह सकते थे कि तीन समीकरण (i), (ii) एवं (iv) सही हैं।

हर क्षेत्र में ऐसा ही होता है। यदि किसी जगह कुछ व्यक्ति खड़े हैं, उनके बारे में आप से पूछा जाए तो आप कहेंगे, एक मोटा है, एक बदसूरत है, एक काला है, एक गंजा है, कुछ इसी तरह के निष्कर्ष सामान्यतया दिए जाते हैं। यह एक बहुत ही महत्त्वपूर्ण बिन्दु है। हम जब भी कुछ बड़ा हासिल करने का प्रयास करते हैं। तो सबसे पहले हमें अपनी कमियाँ एवं कमजोरियाँ ही नजर आती हैं। हमारी सामर्थ्य एवं हमारी सकारात्मक चीजें, हमें गौण लगती हैं। जबकि आवश्यक है हम अपनी शक्ति, सामर्थ्य पर ध्यान केन्द्रित करें। इसका अर्थ यह भी नहीं कि, हम अपनी कमियों पर नहीं सोचें। सकारात्मक सोच हमें जीवन में सफलता की ओर अग्रसर करती है।

> *कार्य चाहे कम करें, लक्ष्य चाहे छोटा हो लेकिन आपका प्रयास पूर्ण तन-मन से है, तो आप जो करेंगे, वह आपको सफलता की ओर अग्रसर करेगा।*

- सकारात्मक सोच से आप आशान्वित होते हैं, नकारात्मक सोच से आप निराश होते हैं।
- सकारात्मक सोच आपमें एक विश्वास जगाती है, नकारात्मक सोच आपको स्वयं पर अविश्वास पैदा कराती है।
- सकारात्मक सोच आपको सफलता की ओर ले जाती है, नकारात्मक सोच असफलता की ओर धकेलती है।

सकारात्मक सोच से ही सकारात्मक रवैया जन्म लेता है। सकारात्मक सोच से आपमें जीवन के हर क्षेत्र में लिए जाने वाले निर्णयों में सकारात्मक रवैया झलकने लगता है। आप हर विपरीत एवं दुरूह परिस्थितियों में सकारात्मक रवैये के कारण खुशी-खुशी मुकाबला करने को तैयार होते हैं। बहुत थोड़े में कहा जाए तो—

> *I can, because I think I can,*
> *A man who wins, is the man,*
> *Who thinks, He can.*

अर्थात् जीतता वही है जो यह विश्वास रखता है कि मैं कर सकता हूँ।

- **A negative attitude** says, "**I can't achieve.**"
- **A positive attitude** says, "**I can achieve.**"

सदैव याद रखें

- Watch your **Thoughts**, they become **Words**.
- Watch your **Words**, they become **Actions**.
- Watch your **Actions**, they become **Habits**.
- Watch your **Habits**, they become your **Character**.
- Watch your **Character**, it becomes your **Destiny**.

अर्थात् आपके विचार, आपके भाग्यनिर्माता हैं।

> *Shallow men believe in luck, believe in*
> *circumstances. Strong men believe in*
> *cause and effect.*
> **Ralph Waldo Emerson**

आत्महीनता *असफलता का एक प्रमुख कारण*

बहुत-से छात्र, आत्महीनता के शिकार पाए जाते हैं। वे स्वयं को दूसरों से बहुत छोटा समझते हैं। दूसरे छात्रों में उन्हें बहुत गुण दिखाई देते हैं एवं स्वयं को वे गुणहीन समझते रहते हैं। दूसरे छात्रों के रहन-सहन का ढंग, दूसरों के बात करने का ढंग, दूसरों के परिवार का परिवेश, दूसरों के पास उपलब्ध सुविधाओं से, इतने प्रभावित होते हैं कि वे स्वयं को बहुत भाग्यहीन एवं निम्न स्तर का समझते हैं। भाग्यहीनता के कारण, स्वयं के प्रति आदर की कमी एवं आत्मविश्वास की कमी का शिकार हो जाते हैं।

बहुत-से छात्रों को, निम्न प्रकार की बातें कहते, करते हुए, देखा/सुना जा सकता है।

- वह तो बहुत बुद्धिमान है। उसकी बराबरी पर आना अपने लिए तो असम्भव ही है।
- अरे यार, उसकी तो बहुत पहुँच है, वह तो कैसे भी कुछ भी कर लेगा।
- हम तो जिन्दगी में क्लर्क भी बन जाएँ तो बहुत है।
- अरे भइया, आप तो हमें अपने साथ ही कहीं एडजस्ट कर लेना।
- 'बॉस' का जवाब नहीं है।

इस तरह के वाक्यों का प्रयोग, छात्रों की आत्महीनता को व्यक्त करते हैं।

याद रखें

जो छात्र, आपके साथ एक ही प्रकार की पढ़ाई कर रहा है, वह आपके स्तर का ही तो है। उसका रहन-सहन, उसके पास सुविधाएँ, वर्तमान में आपसे अधिक हो सकती हैं, लेकिन यह सब उस छात्र के द्वारा कमाये धन से तो नहीं है।

- यदि कोई छात्र अमीर पिता का पुत्र है तो आपको उसके सामने आत्महीनता तब तक महसूस करने की आवश्यकता नहीं है, जब तक आप उससे कोई आर्थिक सहायता नहीं चाहते हैं।
- सामान्यतया कोई भी अमीर व्यक्ति, बिना किसी स्वार्थ के किसी गरीब की सहायता नहीं करता है।
- जब तक आप किसी से कोई आर्थिक सहायता की अपेक्षा नहीं रखते हैं तब तक आप सबसे अमीर हैं।
- अमीर वास्तव में वह है जो स्वयं पर आत्मविश्वास रखता है, आत्मनिर्भर है। जो स्वयं अपने बूते पर कुछ करना चाहता है आप अपने स्वयं के 'बोस' हैं।
- जो आज गरीब कहा जाता है, वह कल का बहुत बड़ा अमीर हो सकता है।
- जो आज अमीर है, वह कल किस हालत में होगा यह कौन जानता है?

व्यक्तिगत दुर्गुण, कितने ही अमीरों को खाक में मिला देते हैं। व्यक्तिगत गुणों के कारण आज का गरीब छात्र, कल एक बड़ी कम्पनी का CEO बन सकता है। इतिहास में ऐसे उदाहरण भरे पड़े हैं जो इस बात के प्रमाण हैं कि आत्मविश्वास, स्वाभिमान, कड़ी मेहनत के बल पर, कितने ही लोगों ने 'महानता' का शिखर छुआ है। आप अभी छात्र हैं। आपको जीवन में बहुत संघर्ष करना है। आपको स्वयं को बहुत ऊँचाइयों तक ले जाना है। आपके समक्ष सारा जीवन है। माता-पिता, भाई-बहन, मित्र-रिश्तेदार आप पर आशा लगाए बैठे हैं। आपने कई सफलताएँ अर्जित भी की हैं। अपनी सफलताओं को आगे बढ़ाएँ।

किसी भी प्रकार की 'हीनता' मन में समाने न दें। जीवन में प्रगति वही कर सकते हैं जिन्हें स्वयं पर विश्वास है, जिनमें स्वाभिमान है, जो कड़ी मेहनत, लगन एवं पूर्ण ईमानदारी से अपने मार्ग पर हर विपरीत परिस्थितियों में बढ़ने का जिगर रखते हैं। स्वयं को हीन समझने की भूल न करें। वर्तमान परिस्थितियों के कारण स्वयं को भाग्यहीन न समझें। इन परिस्थितियों को ही तो आपको बदलना है।

- आप जैसे हैं, जो भी स्थिति है, उसे ही मन से स्वीकारें।
- अन्य के सामने झूठा दर्पण प्रदर्शित न करें।
- दूसरों की राय के अनुसार स्वयं को नहीं तौलें।
- स्वयं की सफलताओं को निम्न न समझें।

आपने जो सफलताएँ हासिल की हैं उनका आकलन परिस्थितियों के सन्दर्भ में करें। यदि कोई कमी रह गई है तो सुधार करके आगे की सोचें। स्वयं को धिक्कारे नहीं।

याद रखें

- स्वयं का आदर करो, हर व्यक्ति आपको आदर देगा।
- स्वयं का निरादर करो, हर व्यक्ति आपकी उपेक्षा करेगा।
- आत्महीनता पराजय व असफलता की सूचक है।

चरित्रहीनता *असफलता की जनक*

चरित्रहीन के पास यदि धन है तो वह उसे भोग-विलास एवं अन्य दुष्कर्मों में शीघ्र ही नष्ट कर देगा। चरित्रहीन यदि विद्वान है तो अपनी विद्वता-बुद्धि को, अनेक गैर-कानूनी कार्यों, कपट-बेईमानी, धोखापूर्ण कृत्यों में प्रयोग करके, न केवल अपना स्वयं का जीवन नष्ट करता है, बल्कि अपने स्वजनों के लिए भी अभिशाप बन जाता है।

वर्तमान युग में चरित्र निर्माण के महत्त्व को लगभग नकार ही दिया गया है। चारों तरफ, भ्रष्टाचार, बेईमानी, धोखाधड़ी, ईर्ष्या-द्वेष, भोग-विलासपूर्ण जीवन का बोलबाला है। यही कारण है कि आज अधिकांश व्यक्तियों का व्यक्तिगत एवं सामाजिक जीवन बहुत विषमतापूर्ण हो गया है।

समाज पर पाश्चात्य संस्कृति इस तरह हावी होती जा रही है कि स्त्री-पुरुषों के बीच शील मर्यादाएँ समाप्त होती जा रही हैं। विषैली कामुकता की स्वच्छन्दता ने सारे सामाजिक तन्त्र को ही हिलाकर रख दिया है।

याद रखें

चरित्र व्यक्ति की सर्वोपरि पूँजी है। जीवन की स्थायी सफलता का आधार मनुष्य का चरित्र ही है। इस आधार के बिना जैसे-तैसे सफलता प्राप्त कर भी ली गई, तो वह टिकाऊ नहीं हो सकती है।

आपके द्वारा किए गए कुकर्मों का परिणाम आपको भुगतना ही होगा। चाहे आप स्वयं किसी गैर-कानूनी कृत्य में फंस कर भोगें या आपके पुत्र-पुत्रियों द्वारा किए गए कृत्यों के माध्यम से भोगें। समाज में सफल-से दिखाई देने वाले कितने ही लोग अपनी चरित्रहीनता के कारण अपनी मर्यादा को मिट्टी में मिला लेते हैं।

चीन के प्रख्यात दार्शनिक **कनफ्यूशियस** कहा करते थे कि—

> यदि आप, अपने से बड़ा या अच्छा आदमी देखो तो सोचें कि मैं उससे क्या सीख सकता हूँ। किन्तु जब कोई छोटा या बुरा आदमी देखो तो अपने चरित्र के भीतर झाँककर देखो कि कहीं उस व्यक्ति की कोई बुराई, भ्रष्टता अपने अन्दर तो छिपी हुई नहीं है। यदि है तो उसे दूर करने हेतु पूरा प्रयास करें।

कनफ्यूशियस के अनुसार—महानता की गगनचुम्बी इमारत सच्चरित्रता की नींव पर ही खड़ी होती है।

छात्र-जीवन एवं चारित्रिक निष्ठा

आज का छात्र, कल का भावी नागरिक है। छात्र-जीवन में चरित्र-निष्ठा का जितना महत्त्व है, उतना शायद जीवन के किसी अन्य समय में नहीं है।

छात्र-जीवन एक ऐसा समय है जो पूर्णरूप से छात्र को अपने उत्कर्ष हेतु प्राप्त होता है। इस समय में छात्रों पर कोई सामाजिक/आर्थिक बन्धन नहीं होता है। माता-पिता, अभिभावकों द्वारा, उसे अपने उत्कर्ष हेतु पूर्ण समर्थन एवं समय दिया जाता है।

इतना फ्री समय, फिर जीवन में कभी नहीं मिल पाता है। यदि छात्र इस समय में चरित्रहीनता के गर्त में डूब जाता है तो वह सफलता से कोसों दूर चला जाता है। कई बार बहुत ही मेधावी छात्र चरित्रहीनता का शिकार होकर न केवल अपना जीवन नष्ट लेते हैं बल्कि, अपने स्वजनों की आशाओं को भी चकनाचूर कर देते हैं। छात्र-जीवन में चरित्रहीनता, सफलता के मार्ग में सबसे घातक होती है।

- एक एमबीए का छात्र, जिसके पिता उड़ीसा में उच्च पद पर आसीन हैं, एक जर्मन लड़की के साथ बलात्कार के जुर्म में पकड़ा गया।
- एक छात्र एवं एक छात्रा (दिल्ली यूनिवर्सिटी) के अश्लील एमएमएस का मामला पिछले दिनों काफी चर्चित रहा है।
- आप स्वयं कल्पना कर सकते हैं, इनका भविष्य क्या होगा?

छात्र-जीवन में एक बार आप चरित्रहीनता के दलदल में फँसे, बस फँसे....बहुत मुश्किल है निकल पाना।

याद रखें

चरित्र आपकी सबसे बहुमूल्य सम्पदा है। इसे हर हालत में अक्षुण्ण बनाए रखें।

- Character once lost never regains its original shape.
- Character is the key to success.
- Character is your destiny.

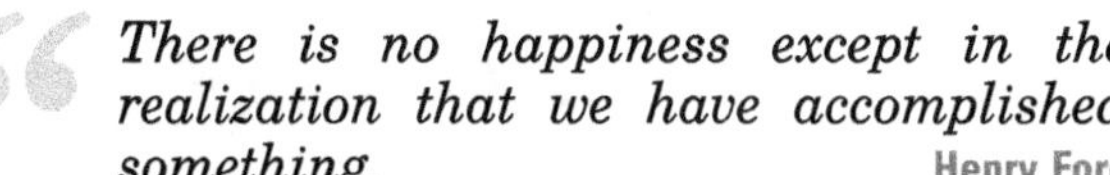

There is no happiness except in the realization that we have accomplished something.
Henry Ford

पिता के पद या पैसे का मद *असफलता का सहोदर*

वैसे तो किसी भी प्रकार का 'मद' (घमण्ड या अहंकार) व्यक्ति को कमजोर बनाता है। लेकिन छात्र-जीवन में पिता के 'पैसे' या 'पद' का मद, उसे कहीं का नही छोड़ता। न वह गुरुजनों को सम्मान देता है न अपने साथियों को। छोटी-छोटी गलतियाँ करते हुए, एक दिन ऐसे कुचक्र में फँस जाता है कि उस दिन पिता, अपने पुत्र को कोसता नजर आता है। **पैसे की बहुतायत, कुसंग, कुत्सित मनोवृत्तियों की गलत आदतों की जनक है।**

एक सर्वेक्षण के अनुसार—स्कूल-कॉलेजों में आपराधिक प्रवृत्तियों में अधिकांशतया ऐसे छात्र ही लिप्त पाए जाते हैं जिनके पिता अच्छे पद पर पदासीन हैं या जिनके पास अपार पैसा है। ऐसे छात्र स्वयं में कुछ नहीं होते, न उनका शैक्षिक रिकॉर्ड अच्छा होता है लेकिन इतना अहंकार एवं घमण्ड उनमें भरा रहता है कि स्वयं को महानायक से कम नहीं समझते हैं। ऐसे छात्र हर प्रकार के व्यसनों में लिप्त पाए जाते हैं। मदिरापान, धूम्रपान एवं ड्रग्स का सेवन उनके लिए आम बात होती है। लड़कियों के साथ कुत्सित मित्रता एवं यौनाचार में लिप्तता जैसे कृत्यों को स्वयं की सफलता समझते हैं।

जैसा कि आप जानते हैं—छात्र-जीवन जैसा बहुमूल्य समय जीवन के उत्कर्ष हेतु फिर कभी नहीं मिलता। ऐसे बिगड़ैल छात्र अपने भावी जीवन में बहुत तकलीफें उठाते देखे जाते हैं। छात्र-जीवन में बिगड़ गई आदतों से पीछा छुड़ाना, बहुत मुश्किल कार्य होता है। भावी जीवन में जो संघर्ष है, सामाजिक/आर्थिक बन्धन हैं, गृहस्थ की मर्यादाएँ हैं, उन सभी का पालन करना ऐसे बिगड़ैल छात्रों हेतु कठिन हो जाता है। जिस पिता के 'पद' के मद में वह किसी को नहीं पूछता था, वही पिता उसे तिरस्कृत करता देखा जा सकता है।

याद रखें

छात्र जीवन, जो ज्ञान प्राप्त करने का बहुमूल्य समय है यदि आप व्यर्थ करते हैं तो सारा जीवन आपको पछताना होगा। मौज-मस्ती करने हेतु सारा जीवन पड़ा है, छात्र जीवन तो एक 'तप' है, इस समय का भरपूर उपयोग अपने ज्ञान एवं विकास के लिए करें।

अपव्यय *पथभ्रष्टता का पर्याय*

इस उपभोक्तावादी, भौतिकता के युग में, अपव्यय एक दुर्व्यसन की तरह छात्र वर्ग में फैलता जा रहा है। किसी समय, जन्मदिन मनाना एक पारिवारिक उत्सव हुआ करता था। आज छात्र-वर्ग अपने जन्मदिन को परिवार के साथ न मनाकर अपने यार-दोस्तों को पार्टी देकर मनाना अधिक उचित समझता है। यह पार्टी जितने बड़े स्तर एवं जितने महँगे होटल में दी जाती है, वही उस छात्र/छात्रा का सम्मान का स्तर समझा जाता है। इस तरह की पार्टी में मदिरा का प्रयोग भी एक सामान्य आवश्यकता बन गई है। बहुत-से छात्र, अपने साथियों में स्वयं को 'उच्च', 'अमीर' प्रदर्शित करने के लिए अपने परिवार की आर्थिक स्थिति से बहुत आगे बढ़कर अपव्यय करते हुए देखे जा सकते हैं।

माता-पिता को येन-केन-प्रकारेण मनाकर अपनी आवश्यक एवं गैर-आवश्यक जरूरतों पर इतना व्यय करते हैं कि कई बार तो परिवार का आर्थिक ढाँचा ही चरमरा जाता है। अपनी महिला मित्रों को उनके जन्मदिन इत्यादि पर महँगे उपहार देकर वे स्वयं को अन्य साथियों से श्रेष्ठ साबित करना चाहते हैं। चाहे छात्र अमीर है, गरीब है, या मध्यम वर्गीय परिवार से, आज अपव्यय की आदतें छात्र-वर्ग में काफी व्याप्त हैं। अधिकांश छात्रों द्वारा महँगे परफ्यूम का प्रयोग, महँगी घड़ी, महँगा मोबाइल, महँगा व्हीकल, महँगा पेन, सबकुछ महँगा खरीदने की इच्छापूर्ति करने का प्रयास किया जाता है।

जो अभिभावक सक्षम हैं, उन्हें बच्चों की खुशी के लिए महँगा सामान खरीदना आर्थिक कारणों से नहीं अखरता है, एवं जो अभिभावक उतने सक्षम नहीं हैं वे भी बच्चों की खुशी हेतु अपनी औकात से बढ़कर खर्च करते देखे जा सकते हैं। लेकिन जाने-अनजाने वे यह भूल कर बैठते हैं कि उनके बच्चों की यह अपव्यय की आदत, स्वयं को पैसे के बल पर श्रेष्ठ साबित करने की इच्छा, कहीं-न-कहीं, उन्हें अपने लक्ष्य प्राप्ति से पथभ्रष्ट कर रही है।

छात्र एक तरफ, इस प्रतियोगिता के युग में सफल होने की तमन्ना रखते हैं, दूसरी ओर, अपव्यय का रास्ता अपना कर स्वयं को सफलता से दूर ले जा रहे हैं। **अपव्यय का दुर्व्यसन, आपको कुसंगता की ओर धकेलता छ। कुसंगता, सब बुराइयों की जननी है।** जहाँ आवश्यकता है, व्यय करें। जहाँ आवश्यकता नहीं है, वहाँ छात्र

> *Extravagance is the source of many evils. It can spoil your life to the bottom.*

दिखावे के लिए स्वयं को दूसरों से श्रेष्ठ साबित करने के लिए कदापि व्यय न करें। छात्र-जीवन बहुत संयमित, सादगी एवं शालीनतापूर्वक गुजारें। जीवन में सफलता प्राप्त करने के बाद आप जितना चाहे जहाँ चाहे व्यय/अपव्यय करें, लेकिन पहले कुछ 'बन' जाएँ।

- आज की मौज-मस्ती, कल की विपन्नता न बन जाए।
- आज की पथभ्रष्टता जीवन को नरक न बना दे।
- आज की अपव्यय की आदत कहीं कल के दुर्भाग्य की परिचायक तो नहीं?

अश्लील सामग्री *असफलता की अभिन्न मित्र*

हर छोटे-बड़े शहर में अश्लील साहित्य खुले आम बिकता है, उपलब्ध हो जाता है। स्कूल/कॉलेज के छात्र, ऐसे साहित्य को बड़े मजे लेकर पढ़ते हैं। आज जहाँ देखो वहाँ उत्तेजक चित्र, अश्लील विज्ञापन, अश्लील फिल्में (जिनमें पाश्चात्य संस्कृति की नकल करते हुए, अर्द्धनगन दृश्य, गन्दे गाने एवं उत्तेजक काम-क्रीड़ाओं को दिखाया जाता है) एवं निम्नस्तरीय (द्वि-अर्थीय) गानों की धुनें सुनाई दे जाती हैं। मनोरंजन के साधनों में टेलीविजन, केबल टीवी पर दिखाए जाने वाले विभिन्न सीरियलों में भी ऐसे दृश्य दिखाए जाते हैं कि परिवार के साथ आधा घण्टे भी टीवी देखना मुश्किल जान पड़ता है।

टेलीविजन पर आने वाला कण्डोम का प्रचार-प्रसार, मासिक धर्म में औरतों द्वारा प्रयुक्त नेपकिन्स के विज्ञापन इतने भद्दे तरीके से प्रदर्शित किए जाते हैं कि व्यक्ति अजीब वितृष्णा से भर जाता है। केबल टीवी द्वारा परोसी जाने वाली अश्लीलता के अतिरिक्त आज छात्र वर्ग, सबसे ज्यादा इण्टरनेट पर उपलब्ध अश्लील सामग्री का रसपान करते हुए देखा जा सकता है। शहर-कस्बों में कुकुरमुत्तों की तरह, जगह-जगह इण्टरनेट कैफे उग आए हैं जिनमें मात्र दस-बीस रुपए प्रति घण्टे के हिसाब से, अलग बने हुए केबिन में छात्रों को अश्लील एवं भद्दे/गन्दे वासनामय चित्र एवं लेखों को देखते, पढ़ते हुए, देखा जा सकता है।

मोबाइल फोन के बढ़ते प्रचलन में आज अश्लील एसएमएस की उपलब्धता बढ़ गई है। हर दिन किसी-न-किसी शहर में, किसी-न-किसी छात्रा को अश्लील नग्न चित्रों का एसएमएस भेजा जाना, एक साधारण-सा समाचार बन गया है। आजकल समाचार पत्रों में भी ऐसे अश्लील विज्ञापनों एवं चित्रों की भरमार है जो नई उम्र के छात्र के मन में कौतूहल, जिज्ञासा एवं कुत्सित विचारों को जन्म देते हैं।

आज बड़े-बड़े शहरों में व्यभिचार के अड्डे बने हुए हैं जहाँ नवयुवक, अपना पौरुष, तेज, स्वास्थ्य एवं यौवन नष्ट कर रहे हैं। कई छात्रों को इन अड्डों पर चोरी-छुपे जाते हुए देखा जा सकता है।

व्यभिचार एक ऐसा घिनौना कृत्य है, जिससे मनुष्य का शारीरिक, सामाजिक एवं नैतिक पतन होता है। आज का छात्र ऐसे अश्लील एवं कामुक वातावरण में स्वयं को पाता है कि उसका ऐसे वातावरण में संयम रखना बहुत कठिन कार्य है।

ऐसे अनगिनत उदाहरण मिल जाएँगे जिनमें एक सीधा-साधा मेधावी छात्र कॉलेज में जाकर इस प्रकार के अश्लील वातावरण में लिप्त होने से अपना भविष्य बर्बाद कर लेता है। नई पीढ़ी में यह विषैला वातावरण, कुत्सित विचार, कुत्सित मनोवृत्तियों, वासनामय कामनाओं को जन्म देता है। बढ़ते हुए अनैतिक प्रेम सम्बन्ध, कुत्सित चेष्टाएँ, बलात्कार की घटनाएँ, ये सब इस विषैले वातावरण की ही देन हैं। छात्र-जीवन के 4-5 वर्ष आप, सही दिशा में, पूर्ण ईमानदारी एवं निष्ठा से अपने जीवन को सफलता के चरम बिन्दु तक पहुँचाने में व्यय करें, सही पथ से डिगें नहीं, आगे बढ़ते रहें ...।

याद रखें

छात्र-जीवन बहुत बहुमूल्य समय है। इस समय का सदुपयोग करें। यह समय, मौज-मस्ती में न उड़ाएँ। इस समय को अपने उत्कर्ष एवं प्रगति हेतु, एक तपश्चर्या की तरह प्रयुक्त करें। यह समय आपकी पूरी जिन्दगी में फिर कभी नहीं आएगा। जीवन में सफलता हेतु बहुत संयम, धैर्य एवं कड़े परिश्रम की आवश्यकता है।

जीवन में खूब उल्लास रहेगा, जीवन खुशहाल बनेगा, हर खुशी आपको मिलेगी, आपकी हर इच्छा पूरी होगी। अन्यथा आपने यदि कुकर्मों की दलदल में एक बार पैर रख दिया, या इस कुत्सित वातावरण के विष का एक घूँट भी पी लिया तो यह जहर आपके भविष्य को तबाह कर देगा।

विकृत पहनावा *खोले असफलता के द्वार*

आजकल छात्र-वर्ग जितना जाग्रत अपने पहनावे के प्रति है, उतना शायद किसी अन्य कार्य के प्रति नहीं है। कॉलेज में छात्र-छात्राओं का समूह ऐसे दिखाई पड़ता है जैसे वे किसी फैशन परेड में भाग लेने आए हैं। तड़क-भड़क युक्त उनके कपड़े किसी फिल्मी अभिनेता या अभिनेत्री की नकल किया होता है। मजे की बात यह है कि चाहे उस तरह का केश विन्यास या कपड़ों का स्टाइल उन पर जँजता ही न हो।

एक और मुख्य बात आज के छात्र-वर्ग में दृष्टिगोचर होती है, कि चाहे वे रोजाना स्नान न करें लेकिन सुगन्धित इत्र का प्रयोग अवश्य करेंगे। एक और मजेदार बात आजकल दिखाई दे रही है, वह है—लड़कियों द्वारा लड़कों की तरह का, लड़कों द्वारा लड़कियों की तरह का परिवेश धारण करना। छात्राओं को लड़कों की तरह पेन्ट-शर्ट एवं लड़कों की तरह छोटे कटे बालों में देखा जा सकता है, एवं छात्रों को लड़कियों की तरह लम्बे बालों एवं लिपस्टिक का प्रयोग करते एवं कानों में बालियाँ पहने हुए देखा जा सकता है। आपका पहनावा आपके व्यक्तित्व का प्रथम परिचायक है। आपके द्वारा पहने कपड़े, आपका केश विन्यास आपका परिचय स्वयं दे देते हैं। ढीली-ढाली पेन्ट, चटकीले रंग की शर्ट, ऊबड़-खाबड़ से बनाए बाल, चेहरे पर क्रीम का लेप लगाए, आज का छात्र ऐसा लगता है जैसे किसी सर्कस में जोकर का पार्ट करने जा रहा है।

कई छात्राएँ अपने 'कपड़े' इस ढंग के पहनती हैं कि उनका उद्देश्य शरीर ढकना कम, अपितु शरीर दिखाना अधिक होता है। स्वयं को सभ्य एवं आधुनिक समझने वाली ऐसी छात्राओं का तंग, उत्तेजक एवं नग्न, जैसे पहनावे का क्या उद्देश्य हो सकता है यह सभ्य व्यक्ति की समझ के बाहर है। कई छात्राओं के कपड़ों पर विभिन्न प्रकार के वाक्य लिखे हुए देखे जा सकते हैं। जैसे—TOUCH ME..., I LOVE U..., YOU'R INVITED..., ONLY FOR U... **ऐसे उत्तेजक वाक्य, छात्रों को कुत्सित चेष्टाएँ करने का आमन्त्रण नहीं है तो और क्या है?** आपका अमर्यादित पहनावा अन्य को अमर्यादित हरकतें करने को उकसाता है। पाश्चात्य जगत् की नारी स्वतन्त्रता का नारा, हमारे देश में कम-से-कम पहनावे में तो झलकता ही है।

- अभी एक यूनिवर्सिटी द्वारा छात्राओं पर ड्रैस कोड लागू करने का प्रयास किया गया तो बहुत हंगामा खड़ा हो गया। छात्राओं के साथ भेद-भाव का नारा बुलन्द हुआ। ऐसा समय आ गया जब मर्यादा में रहने के लिए कहना भी गलत माना जाने लगा है।
- हाल ही में एक उत्तर-पूर्व क्षेत्र की छात्रा बलात्कार का शिकार हो गई तो एक अधिकारी ने उस छात्रा द्वारा पहने जाने वाले कपड़ों पर प्रश्न किया तो यह विवाद का विषय बन गया।

यह सच है कि अपनी इच्छानुसार कपड़े पहनना, हर व्यक्ति का अधिकार है लेकिन यदि ऐसे कपड़े व पहनावा किसी दुर्घटना का कारण बन सकते हैं तो शालीनता रखने में क्या बुराई है?

आज के वातावरण में छात्र/छात्राओं पर अभिभावक भी अंकुश रखने में असमर्थ दिखाई पड़ते हैं या वे स्वयं को आधुनिक, प्रगतिशील एवं सम्भ्रान्त जगत् से सम्बन्धित होने का दावा करने के कारण अपने बच्चों से कुछ भी कहने से कतराते हैं। **यदि आधुनिक एवं प्रगतिशीलता का प्रतीक अंग प्रदर्शन करने वाला पहनावा मान लिया जाए तो यह मानना भी गलत नहीं होगा कि हम उस आदिम युग की ओर उन्मुख हो रहे हैं जब मानव पूर्ण वस्त्रहीन स्थिति में 'नग्न' रहता था।**

यदि छात्र-वर्ग की सफलता/असफलता के सन्दर्भ में सोचें तो आप सहमत होंगे कि—
- विकृत पहनावा, आपको अपने लक्ष्य से भटकाता है।
- लक्ष्य प्राप्ति में आपका ऐसा पहनावा कुछ-न-कुछ बाधक बनता ही है।
- विकृत पहनावा असफलता की ओर आपका एक कदम है।

> *फूहड़, भद्दा एवं विकृत पहनावा, आपकी कमजोर मनोबल चारित्रिक कमजोरी एवं आपकी कुत्सित मनोवृत्तियों का परिचय, बिना आपके एक भी शब्द बोले हुए दे देता है।*

असफलता *अभिशाप या वरदान*

असफलता/सफलता, जीवन में एक सहज, स्वाभाविक स्थिति को व्यक्त करती है। असफलता एक ऐसी दुधारी तलवार है जिससे घबराकर यदि आप हार मान बैठे, निराश होकर पलायन कर गए तो अभिशाप बन जाती है, लेकिन यदि आपने असफलता को एक चुनौती की तरह लिया, असफलता के कारणों का सही आकलन कर पुन: प्रयास किया तो यह एक वरदान बन जाती है।

> हर विध्य का मुख मोड़ सकता है मानव,
> पत्थर से पानी निकाल सकता है मानव,
> चन्द्रमा पर भी पहुँच चुका है मानव,
> मंगल, शनि पर भी पहुँचेगा मानव,
> आप में है क्या कमी, जो हीनता लिए हो।
> आप भी सफलता की हर बुलन्दियाँ छू सकते हो।
> कस लो कमर, बढ़ो आगे,
> जीतता है वही, जो आराम त्यागे।

उक्त पंक्तियाँ निश्चित ही आपको अपनी शक्ति का अहसास कराएँगी।

कई छात्र असफल होने पर निराशावादी, भाग्यवादी हो जाते हैं एवं लक्ष्य से भटक कर पलायन कर जाते हैं। जबकि कई छात्र उस असफलता को प्रेरणा मानकर, अपने दृढ़-आत्मविश्वास, कठिन परिश्रम से निष्ठापूर्वक संकल्पित होकर पुन: प्रयास करके सफल होते हैं।

आज का हर सफल व्यक्ति कितनी ही बार असफल हुआ होगा। लेकिन यदि वह हार मानकर पलायन कर जाता तो क्या 'सफल' हो सकता था? इतिहास में कितने ही उदाहरण भरे पड़े हैं जो यह बताते हैं कि असफलता को जिसने चुनौती समझकर स्वीकार किया उसके लिए असफलता वरदान बन गई। असफलताओं का मूल्य बहुत अधिक है, यह बात एक परिश्रमी, उत्साही, पुरुषार्थी, साहसी, आत्मविश्वासी व्यक्ति ही समझ सकता है। लेकिन एक कायर, क्लीव एवं आत्मविहीन व्यक्ति असफलता का मूल्य नहीं आँक सकता है।

देखा गया है कि आज का छात्रवर्ग असफल होने पर स्वयं की कमजोरियों का विश्लेषण नहीं करता बल्कि, या तो अपने भाग्य को कोसता है, या विभिन्न परिस्थितियों को स्वयं की असफलता के लिए जिम्मेदार ठहराता है। वह यह भूल जाता है कि इन्हीं परिस्थितियों में अन्य छात्र सफल भी तो हो रहे हैं।

प्रतिकूल परिस्थितियों में से निकलकर जो सफल होता है, वही तो महान् बनता है।महान् व्यक्ति संघर्ष से अपने भविष्य का निर्माण करता है, एक आदर्श प्रस्तुत करता है। जीवन में विजय, संघर्ष से ही सम्भव है। प्रतिकूल परिस्थितियाँ आपकी शिक्षक हैं। लाल बहादुर शास्त्री सार्वजनिक बिजली के खम्बों की रोशनी में अध्ययन किया करते थे। हेलेन केलर अपंग होने के बावजूद महानता के शिखर पर पहुँच गई।

अनुशासनहीनता *असफलता से नजदीकी*

अधिकांश छात्रों के जीवन में अनुशासन का नितान्त अभाव दृष्टिगोचर होता है।

> *न समय पर उठना, न समय पर सोना, न समय पर नाश्ता, न समय पर खाना, न समय पर पढ़ना, न समय पर गृहकार्य (होमवर्क) करना, किसी भी कार्य का कोई समय नहीं।*

अधिकांश छात्र अपनी पढ़ाई का टाइम-टेबल बनाते हैं, पर कितने छात्र इसका पालन कर पाते हैं। हर कार्य ऊल-जलूल तरीके से सम्पन्न होता है। अधिकांश छात्रों के दैनिक कार्यकलापों में अस्तव्यस्तता देखी जा सकती है।

परीक्षा की दिनांक पास आते ही यहाँ-वहाँ नोट्स लेने भागते दिखते हैं। नई-नई पुस्तकें उसी समय खरीदी जाती हैं। प्रोफेसरों के घरों के चक्कर शुरू हो जाते हैं। महत्त्वपूर्ण एवं अति-महत्वपूर्ण प्रश्नों को चिन्हित किया जाता है। सम्भव हुआ तो परीक्षा में आने वाले प्रश्न-पत्र का पहले ही पता लगाने का भी प्रयास कर लिया जाता है। यदि गृह-परीक्षा हुई तो प्रोफेसरों के घर के चक्कर लगा-लगा कर कुछ-न-कुछ हिन्ट्स का पता लगा ही लिया जाता है। इस तरह से परीक्षा तो पास कर कर ली जाती है, कुछ छात्र अच्छे अंक भी प्राप्त कर लेते हैं, लेकिन इस सब का छात्र के भविष्य में क्या प्रभाव पड़ता है, यह अधिकांश छात्र नहीं समझ पाते हैं।

'अनुशासन' दो प्रकार का होता है—

1. बाह्य अनुशासन
2. आन्तरिक अनुशासन

बाह्य अनुशासन का अर्थ है—आपके कार्यकलापों को बाहरी शक्ति द्वारा नियन्त्रित किया जाना है, जैसे—विद्यार्थियों को स्कूल/कॉलेज के नियमों का पालन करने की बाध्यता।

आन्तरिक अनुशासन का अर्थ है—स्वयं द्वारा अनुशासन का पालन अर्थात् आत्मानुशासन (Self-discipline)।

जीवन में सफलता प्राप्ति के लिए आत्मानुशासन का बहुत महत्त्व है। किसी भी परीक्षा के लिए हर छात्र थोड़ी-बहुत योजना अवश्य बनाता है। वह उस परीक्षा में अभिष्ट सफलता प्राप्त करने हेतु, कुछ समयबद्ध कार्यक्रम स्वयं के लिए तय करता है, जिससे सब तैयारियाँ समय पर पूरी हो सकें। लेकिन अधिकांश छात्रों द्वारा आत्म-अनुशासन के अभाव में यह योजना, समयबद्ध कार्यक्रम पूर्ण नहीं हो पाता है।

अनुशासन का जीवन में महत्व

अनुशासन के सम्बन्ध में हमारी अधिकतर समस्याएँ इस कारण हैं कि हम यह नहीं समझते हैं कि अनुशासन हमें जीवन में कितने पारितोषिक दिला सकता है।

- **अनुशासन** सफलता की ओर हमें अग्रसर करता है।
- **अनुशासन** हमें न केवल अपनी दृष्टि में ऊँचा उठाता है, बल्कि अनुशासित व्यक्ति को हर व्यक्ति सम्मान देता है।
- **अनुशासन** समय का सदुपयोग सिखाता है।
- **अनुशासन** हमारी अस्तव्यस्तता को नियमित करता है।
- **अनुशासन** से हमें, आत्मविश्वास, आत्मबल, आत्मनिर्भरता मिलती है।
- **अनुशासन** जीवन के तनाव को कम करता है।
- **अनुशासन** से हमें गलत रास्तेपर न चलने का संयम एवं दृढ़संकल्प मिलता है।

सफलता यूं ही नहीं मिल जाती है। इसके लिए आपको इच्छा रखनी होगी एवं उसके लिए अनुशासन की आवश्यकता है।

> *Discipline often means doing boring things, that we don't want to do and fail to notice that eventually discipline empowers us to do, what we do not want to do.*

अनुशासन को अक्सर इस अर्थ में लिया जाता है कि यह ऐसे बोरिंग कार्यों का करना है जो हम नहीं करना चाहते। लेकिन हम इस बात को समझने में असमर्थ रहते हैं कि यह अनुशासन ही है जो अन्ततः हमें ऐसे कार्यों को करने की शक्ति देता है।

इस वाक्य पर ध्यान दीजिए—

> *Who couldn't adhere to Self-Discipline is usually commanded.*
>
> *Success doesn't just happen. You have to be intentional about it and that takes 'discipline'.*
>
> **John Maxwell**

इसका अर्थ बहुत गहरा है—जो आत्मानुशासन में नही रहा, उन्हें सामान्यता दूसरों द्वारा शासित किया जाता है। ऐसे असफल व्यक्ति जो आत्मानुशासन में नहीं रहे, वे दूसरों (सफल व्यक्तियों) का आदेश पालन करने की बाध्य हैं।

असफलतारूपी महारानी की मन्त्रिपरिषद् के सदस्यगण

1. आलस्य Laziness	2. अभिमान Arrogance
3. टालूपन Procrastination	4. क्रोध Anger
5. ईर्ष्या Envy	6. प्रतिशोध Revenge
7. बेईमानी Dishonesty	8. पराश्रय Dependence
9. जल्दबाजी Hastiness	10. लापरवाही Negligence

1 आलस्य

अमेरिका के एक महाविद्यालय में एक सर्वेक्षण में 115 छात्रों के समूह से निम्न प्रश्न का उत्तर देने को कहा गया—

To what students attribute their academic failure?

छात्र अपनी शैक्षणिक असफलता के लिए किसे जिम्मेदार समझते हैं?

छात्रों का उत्तर निम्न था—

> *Giving up, inadequately learning, and laziness are main reasons for their academic failure.*
>
> *पलायनवाद, अपूर्ण तैयारी एवं आलस्य उनकी शैक्षणिक असफलता के लिए जिम्मेदार कारण हैं।*

इस प्रतियोगिता के युग में आलस्य आपको अन्य से पीछे धकेल देता है। किसी भी कार्य में आलस्य आप द्वारा उपलब्ध समय का दुरुपयोग ही तो है। आलस्य से मनुष्य की क्रियाशीलता कुंठित होने लगती है। आलस्य से आप अपनी क्षमता, योग्यता, शक्तियों के उचित प्रयोग से वंचित हो जाते हैं। बहुत-से मेधावी (intelligent) छात्र, आलस्य के कारण वह परिणाम नहीं दे पाते जिसकी योग्यता/क्षमता उनमें है। **सफलता के मार्ग में आलस्य बहुत बड़ी बाधा है।**

> *आलस्य है बला, मत पास फटकने दो, जाग्रत बनो, करो मेहनत, मत मन को भटकने दो। छात्र जीवन एक तप है, बर्बाद न करो समय, कामयाब होंगे अवश्य, आराम का नहीं समय, आराम का नहीं समय।*

2 अभिमान

अभिमान किस बात का? किसी को अभिमान रंग-रूप का, किसी को सामर्थ्य का, किसी को अपनी बुद्धि का, किसी को पैसे का। लेकिन यह अभिमान किनके समक्ष? अपने पड़ोसी, मित्र, रिश्तेदारों के सापेक्ष में ही तो। मात्र कुछ चुनिंदा लोगों के सापेक्ष में, हो सकता है आपके पास कुछ ज्यादा हो, लेकिन क्या आप सर्वश्रेष्ठ हैं? नहीं ना।

याद रखें

आपसे बढ़कर बहुत हैं, बहुत हो चुके हैं, बहुत होंगे। तो भी अभिमान? कितना झूठा है यह अभिमान!

अभिमान मनुष्य की प्रगति, विकास, सफलता के मार्ग को अवरुद्ध करता है। अभिमान आपकी विवेकशीलता, विचार बुद्धि, दूरदर्शिता हर लेता है। **अभिमानी व्यक्ति को उचित सलाह न अच्छी लगती है, न उसे कोई देना पसन्द करता है।** अभिमानी व्यक्ति के मित्र केवल स्वार्थवश होते हैं, लेकिन दुश्मन बहुत।

महान् वैज्ञानिक न्यूटन ने एक महत्त्वपूर्ण खोज काफी समय तक प्रकाशन हेतु नहीं दी। काफी समय बाद उन्होंने उस खोज को प्रकाशित कर दिया, तो अनेक लोगों के धन्यवाद, अभिवादन, प्रशंसा-पत्र उनके पास आने लगे। इस पर उन्होंने कहा था—''अब मेरी प्रसिद्धि खूब बढ़ेगी, किन्तु जिस विद्या/खोज हेतु मैंने सारा जीवन लगा दिया, उसका विकास रुक जाएगा।''
अर्थात् **प्रसिद्धि से प्राप्त अभिमान प्रगति, विकास, सफलता में बाधक है।**

> *Arrogance will not make your great, but it will hinder your path to greatness.*

The Least Important Word

- The six most important words are "**I admit I made a mistake.**"
- The five most important words are "**You did a good job.**"
- The four most important words are "**What is your opinion.**"
- The three most important words are "**If you please.**"
- The two most important words are "**Thank you.**"
- The Least imporant word is '**I**' (*Shows arrogance*).

---

③ टालूपन

आज के काम को कल पर टालना, आज अधिकांश व्यक्तियों की फितरत बन गई है। इस आदत के शिकार व्यक्ति कभी कार्य पूरा कर ही नहीं पाते। वे हमेशा लम्बित कार्यों (Pendencies) से घिरे रहते हैं। छात्र वर्ग भी इस 'रोग' से पीड़ित है।

- आज नहीं कल पढ़ेंगे।
- कल से मैं टीवी नहीं देखूँगा।
- कल से मैं रात को जल्दी सोऊँगा।
- कल से सुबह भी जल्दी उठ जाऊँगा।
- कल से मैं रोजाना व्यायाम करूँगा।
- कल से मैं रोजना छः घण्टे पढ़ूँगा।
- कल से होमवर्क प्रतिदिन पूरा करूँगा।

इस तरह की 'टालूपन' की बातें हम रोजाना सुनते हैं। वह 'कल' कभी आया ही नहीं। हो सकता है आप कोई भी कार्य की शुरूआत किन्हीं भी कारणों से दूसरे दिन से करना चाहते हैं। कोई फर्क नहीं पड़ता, लेकिन यदि यह फालतू का 'टालूपन' है तो वह 'कल' कभी नहीं आएगा।

प्रयास करें

आज का कार्य, आज ही पूरा करें। पता नहीं 'कल' क्या परिस्थिति बने कि आप वह कार्य पूरा ही नहीं कर पाएँ। फिर यदि आज कर सकते हैं, तो 'कल' करने की सोचना, आलस्य या प्रमादवश है।

एक बड़ी कम्पनी के मुख्य कार्यकारी अधिकारी (Chief Executive Officer) से उनकी सफलता का राज पूछा गया तो, उनका उत्तर था—

> *I don't keep things pending for tomorrow if I can complete them today to the best of my ability and capacity.*
>
> *मैं किसी भी कार्य को कल पर लम्बित नहीं करता हूँ, यदि मैं उस कार्य को मेरी योग्यता, क्षमतानुसार आज पूरा कर सकता हूँ तो।*

4 क्रोध

क्रोध समस्त दुर्गुणों का सम्राट है। क्रोध के आवेग में जो कुछ भी हो जाए, कम है। क्रोध में व्यक्ति की वैचारिक शक्ति क्षीण हो जाती है। नई पीढ़ी में क्रोध की अधिकता, सामान्यतया परिलक्षित होती है। जवानी का जोश, नया खून, खून में गर्मी, क्रोध का आवेग—कितनी ही अकल्पित दुर्घटनाओं को जन्म देता है, यह हर छात्र अपने आस-पास की घटनाओं से समझ सकता है, जान सकता है। छात्र गुटों में आपसी मार-पीट, पुलिस केस बनना, कई वर्षों तक कोर्ट के चक्कर लगाना—भविष्य बर्बाद नहीं तो कम-से-कम समय एवं पैसे की बर्बादी का कारण, मात्र क्रोध ही तो है। जो कार्य, मात्र कुछ देर की शान्ति से हो सकता है, वह क्रोध के कारण उलझ जाता है। कई बार तो आपस में छात्र इतने हिंसा पर उतारू हो जाते हैं कि सार्वजनिक सम्पत्ति की तोड़-फोड़ के साथ-साथ किसी साथी की हत्या का कारण भी बन जाते हैं।

'क्रोध' का दुर्गुण आपको कहाँ तक गर्त में डुबा सकता है यह आप सोच भी नहीं सकते हैं। कई छात्रों का 'क्रोध' इतना भयानक होता है कि वह 'बैर'/'दुश्मनी' का रूप ले लेता है। कितने ही पुलिस केस, आपराधिक मामले उनके क्रोध के इसी आवेग के कारण उन पर दायर हो जाते हैं।

कितने ही निरीह, निर्दोष साथी उनके इस क्रोध के शिकार बन जाते हैं। आपकी कड़ी मेहनत, दृढ-संकल्प, पूर्ण निष्ठा से प्राप्त सफलता, इस क्रोध के कारण असफलता में बदल जाती है।

> *Be cool, never loose your temper, control your anger. Successful persons never loose temper in any situation.*

5 ईर्ष्या

ईर्ष्या स्वयं के कमजोर होने की पहचान है। हमारी कमजोरियाँ हममें आत्मविश्वास, आत्मबल की कमी पैदा करती हैं एवं हमें ईर्ष्यालु बनाती हैं। ईर्ष्यालु व्यक्ति अन्य किसी की सुख शान्ति/प्रगति देखकर, सुखी नहीं होता, बल्कि कहीं-न-कहीं आहत महसूस करता है।

बहुत-से छात्र स्वयं तो पढ़ते नहीं हैं लेकिन अन्य पढ़ने वाले छात्रों को किसी न किसी रूप में परेशान करते रहते हैं। यदि कोई पढ़ने वाला छात्र स्कूल/कॉलेज में साधारण कपड़े पहनकर आता है या वह पैदल आता है या वह कैन्टीन में खर्च नहीं कर पाता है तो कई छात्र उस पर छींटाकशी, व्यंग्य करके उसे तंग करने का प्रयास करते हैं।

छात्राओं में भी ईर्ष्या की प्रबल भावना देखी जा सकती है। यदि कोई छात्रा, पढ़ने में होशियार है लेकिन वह अन्य छात्राओं के साथ, आर्थिक या अन्य कारणों से घुलती-मिलती नहीं है तो वह छात्रा अन्य छात्राओं की ईर्ष्या का लक्ष्य बन जाती है।

ईर्ष्या का अर्थ मोटे तौर से यह लिया जा सकता है कि जो कुछ हमारे पास नहीं है वह अन्य के पास है तो क्यों है? यह 'क्यों' ही ईर्ष्या का जन्मदाता है।

एक मेधावी छात्र परीक्षा दे रहा था। परीक्षा के दौरान बाहर से आई एक टीम सभी छात्रों की तलाशी ले रही थी। एक परीक्षक ने जब उस छात्र से अपनी तलाशी देने को कहा तो वह बिगड़ गया एवं अनाप-शनाप बोलने लगा। सभी लोगों ने उसे तलाशी देने का आग्रह किया, लेकिन वह फिर भी नहीं माना। महाविद्यालय के प्राचार्य को बुलाने पर, उस छात्र ने क्रोध में आकर प्राचार्य को चाँटा जड़ दिया। बात कहाँ की कहाँ पहुँच गई। छात्र को परीक्षा देने से वंचित होना पड़ा। पुलिस केस दायर हो गया। भविष्य बर्बाद हो गया। ऐसी बहुत-सी घटनाओं की आपको अवश्य जानकारी होगी।

जिसके पास जो नहीं है, उसे प्राप्त करने के लिए वह या तो प्रयत्न नहीं करना चाहता या वह स्वयं को इस योग्य समझता नहीं है। बस, आन्तरिक रूप से दूसरे से ईर्ष्या का भाव रखता है। कई छात्र तो इस ईर्ष्या के वशीभूत होकर दूसरे छात्रों को अत्यधिक हानि पहुँचाने का भी प्रयास करते देखे गए हैं। प्रोफेसरों की निगाह में अन्य छात्रों को गिराने के लिए कई छात्र, सच्ची-झूठी, उल्टी-सीधी बातें उन्हें बताते रहते हैं, जिनका कोई सकारात्मक उद्देश्य नहीं होता है।

दो छात्र एक ही साथ पढ़ते थे। एक छात्र A, हर परीक्षा में दूसरे छात्र B से अधिक अंक लेकर पास होता था। वह अपने मित्र B की सहायता भी करता था, उसे अपने नोट्स इत्यादि भी दे देता था।

एक परीक्षा में छात्र B, छात्र A द्वारा तैयार किए एक प्रश्न का उत्तर अपने साथ परीक्षा भवन में ले गया। प्रश्न परीक्षा में आ गया। उड़नदस्ते द्वारा चैकिंग करते समय, छात्र B ने वह उत्तर छात्र A के पास चुपके से फेंक दिया। जब उड़नदस्ते के अधिकारी उस छात्र A के पास पहुँचे तो उन्होंने उत्तर को उठा लिया एवं छात्र A को परीक्षा से बाहर निकालने की तैयारी कर ली। लेकिन कॉलेज के प्राचार्य ने उस छात्र A को बचा लिया, क्योंकि उन्हें पता था कि छात्र A बहुत ही मेधावी एवं सज्जन छात्र है जो ऐसा कार्य नहीं कर सकता। छात्र A समझ गया कि यह कार्य छात्र B द्वारा ही ईर्ष्यावश किया गया है।

जीवन में आगे जाकर छात्र A तो एक उच्च पद पर आसीन हुआ एवं छात्र B बहुत दिनों तक भटकने के बाद एक प्राइवेट कम्पनी में लिपिक कार्य करने पर मजबूर हुआ।

याद रखें

ईर्ष्या से आप दूसरों को नुकसान तो पहुँचा सकते हैं लेकिन इससे आपको कभी कोई लाभ नहीं मिलेगा। ईर्ष्या के कारण दूसरों को हानि पहुँचाने वाला व्यक्ति, जीवन में स्वयं अधिकांशतया असफल ही रहता है।

बेहतर है कि आप दूसरों की प्रगति/सफलता/समृद्धि/खुशहाली से आहत न हों, ईर्ष्या न रखें बल्कि, उस स्तर पर पहुँचने हेतु आवश्यक प्रयास/मेहनत करें। ईर्ष्या से कभी सफलता नहीं मिलती है, बल्कि यह आपकी कमजोरियों की द्योतक है।''

---

6 प्रतिशोध

बहुत-से छात्र, छात्र-जीवन में इतने उग्र स्वभाव के होते हैं कि छोटी-छोटी बातों पर प्रतिशोध लेने की ठान लेते हैं। प्रतिशोध हेतु वे बहुत सारा समय, पैसा एवं शक्ति व्यय करते हैं एवं अपने लक्ष्य से भटक जाते हैं। इस प्रतिशोध हेतु वे कई बार इतने गलत कुचक्र में फँस जाते हैं कि फिर उनका निकलना ही मुश्किल होता है। सफलता की ओर बढ़ने की अपेक्षा, वे पतन की राह में इतने गर्त में डूब जाते हैं कि फिर उबर ही नहीं पाते हैं। **प्रतिशोध लेना तो एक साधारण कार्य है, महान् कार्य है क्षमा कर देना।**

कुछ वर्षों के छात्र-जीवन के बाद आप जीवन की किसी डगर पर जब कभी उसी छात्र से मिलते हैं जिससे आप प्रतिशोध लेना चाहते थे तो आप स्वयं महसूस करेंगे कि आप कितनी बड़ी गलती करना जा रहे थे। **छात्र-जीवन में सरलता एवं संयम बहुत आवश्यक है।** प्रतिशोध आपको लक्ष्य से भटकाता है। छात्र-जीवन में आपका उद्देश्य अपना लक्ष्य प्राप्ति है न कि तुच्छ बातों के लिए अपनी शक्ति एवं सामर्थ्य का अपव्यय कर प्रतिशोध के ज्वालामुखी में जलना।

याद रखें

जीवन में लक्ष्य प्राप्ति हेतु बहुत त्याग एवं तप की आवश्यकता है, सफलता हेतु जीवन में बहुत कुछ त्यागना पड़ता है।

महान् व्यक्ति कभी तुच्छ बातों हेतु प्रतिशोध की नहीं सोचता। दूरदर्शिता का तकाजा है कि अपने लक्ष्य प्राप्ति के बीच, प्रतिशोध जैसी भावना का त्याग कर, बस अपने लक्ष्य पूर्ति हेतु जो भी आप अपनी योग्यता, क्षमता एवं सामर्थ्य के अनुसार कर सकें, करें।

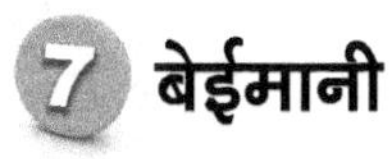 बेईमानी

बेईमानी का अर्थ मात्र पैसे की बेईमानी से नहीं है बल्कि हर उस आचरण/कृत्य से है जो समाज, धर्म एवं कानून की निगाह में उचित नहीं है। आज अधिकांश छात्र सफलता प्राप्त करने हेतु किसी भी तरह के उचित-अनुचित साधन को गलत नहीं समझते हैं। कई छात्र मार्कशीट में परिवर्तन करके नौकरी पा लेते हैं। कई छात्र फर्जी डिग्रियों के सहारे नौकरी पा लेते हैं। कई छात्र परीक्षा में आने वाले प्रश्न-पत्रों का पता करके अच्छे अंक लाने में ही विश्वास करते हैं। इस तरह आज अधिकांश छात्रों का उद्देश्य येन-केन-प्रकारेण केवल सफलता प्राप्त करना रह गया है।

याद रखें

जिस सफलता की नींव 'बेईमानी' पर रखी गई हो वह कभी भी आपकी असफलता में बदल सकती है।

सफलता का अर्थ मात्र परीक्षा पास करना या नौकरी प्राप्त करना नहीं है।

- **सफलता**–चिरसंचित रहनी चाहिए।
- **सफलता**–से आपको सुख-शान्ति एवं सुकून मिलना चाहिए।

'बेईमानी' पर आधारित सफलता जीवन में 'धन' दे सकती है, लेकिन जीवन का सही सुख तो ईमानदारी पर आधारित सफलता से ही मिलता है। हो सकता है यह बात है अभी छात्रों के गले नहीं उतर रही हो। उनके द्वारा बहुत-से तर्क/कुतर्क, उक्त बिन्दुओं के विरोध में दिए जा सकते हैं, लेकिन यह पूर्णतया सत्य है कि वास्तविक 'सफलता' प्राप्त करने हेतु जीवन में कभी बेईमानी का सहारा न लें। यदि लिया तो जीवन का स्वरूप चोर-उचक्कों एवं स्मगलर्स की तरह हो जाएगा। सच्चे सुख एवं शान्ति की नींव कभी बेईमानी पर आधारित नहीं हो सकती।

8 पराश्रय

अपनी सफलता के लिए जो दूसरों पर आश्रित रहते हैं वे जीवन में कभी सफल नहीं हो पाते। 'सफलता' किसी के द्वारा दान में दी जाने वाली वस्तु नहीं है। दूसरों के सहारे मिली 'सफलता', वास्तविक सफलता नहीं है, न इस सफलता से सच्चा सुख मिलता है। स्वयं के बल पर मेहनत करके, पसीना बहाकर और संघर्ष से मिली सफलता ही वास्तविक सफलता है। स्वयं को इस योग्य बनाएँ।

आज किसी स्थिति में आप किसी पर निर्भर रहकर, कुछ प्राप्त भी कर लेते हैं तो जीवन की आगे की राहें और भी कठिन हो जाएँगी। कठिन परिश्रम से कमाई दो सूखी रोटियों में जो सुख है वह दूसरों द्वारा दान में दी गई 'घी' की चुपड़ी रोटियों में नहीं। बहुत-से छात्र अपनी सफलता के लिए, अपने प्रोफेसर द्वारा दिए जाने वाले अंकों पर निर्भर रहते हैं। कई छात्र सिफारिशों के बल पर सफल हो जाते हैं। कुछ रिश्वत इत्यादि देकर सफल हो जाते हैं। ऐसे छात्रों से यदि उस छात्र की तुलना करें जो स्वयं के बल पर ही सफल होता है तो दोनों छात्रों के चरित्र में विशेष अन्तर देखने को मिल जाएगा।

दूसरों के सहारे मिली सफलता से आप आत्महीनता के शिकार होते हैं। **यह जीवन तो संघर्ष है। जो संघर्ष दूसरों पर आश्रित होकर जीतना चाहता है वह सफल नहीं होता है।** हाँ, किसी का मार्गदर्शन लेना, सहयोग या सलाह लेना गलत नहीं है। लेकिन पूरी तरह दूसरों पर आश्रित रहना, बिना पुरुषार्थ के 'विजय' पाने की आशा करना गलत है।

⑨ जल्दबाजी या उतावलापन

'जल्दबाजी' या 'उतावलापन' कई छात्रों के स्वभाव में ही होता है। वे हर कार्य में आवश्यकता से अधिक उतावलापन दिखाते हैं। कई छात्र यह समझते हैं कि वे अपने इस स्वभाव के कारण अन्य छात्रों से 'बाजी' मार लेंगे या आगे बढ़ जाएँगे। उतावलेपन की इस आदत के कारण कई छात्र अपने कार्य को बिगाड़ लेते हैं, कई बार बहुत महत्त्वपूर्ण बिन्दु का ध्यान नहीं रख पाते। कई छात्र प्रश्न-पत्र मिलने पर उस पर ऊपर लिखे निर्देशों को न पढ़कर, जल्दबाजी की इस आदत के कारण प्रश्नों का उत्तर लिखना शुरू कर देते हैं। सारा प्रश्न-पत्र हल करने के बाद ज्ञात होता है कि पहला प्रश्न करना अनिवार्य था, लेकिन वह उन्होंने किया ही नहीं। कई छात्र इस उतावलेपन में प्रश्न का उत्तर, किसी अन्य प्रश्न के क्रमांक के आगे लिखते जाते हैं।

जल्दबाजी वास्तव में शीघ्रता नहीं है, बल्कि यह कमजोर मन की विक्षिप्तता है। इस मानसिक दुर्बलता पर नियन्त्रण करने का प्रयास करें।

सफलता तुरत-फुरत नहीं मिलती है। अनेक व्यक्ति कोई कार्य प्रारम्भ करते हैं, सफलता में देर लगती देख उस कार्य को छोड़कर दूसरा कार्य प्रारम्भ कर देते हैं, फिर उसमें भी देर लगती देख तीसरे कार्य को करने को तत्पर हो जाते हैं। इस प्रकार अपना धन, समय एवं श्रम भी व्यर्थ करते हैं तथा एक निराशा में डूब जाते हैं।

10 लापरवाही

'लापरवाह' व्यक्ति का जीवन पूरी तरह अनियमित एवं अस्त-व्यस्त रहता है। लापरवाह व्यक्ति हर कार्य को इस तरह करता है कि उसमें कहीं-न-कहीं कुछ 'चूक' रह जाती है। कई छात्रों में लापरवाही काफी अधिक मात्रा में पाई जाती है।

- खाने में लापरवाही
- गृह कार्य पूरा करने में लापरवाही
- पढ़ने में लापरवाही
- प्रोजेक्ट तैयार करने में लापरवाही

लापरवाह छात्र कोई भी कार्य समय पर पूरा नहीं कर पाता। वह जो भी कार्य करता है वह न तो पूरा सही होता है न बताए गए मानदण्डों के अनुसार पूर्ण। इस प्रतियोगिता के युग में, आपकी लापरवाही की आदत आपकी सफलता के मार्ग में एक बड़ी बाधा है। लापरवाह व्यक्ति जब कोई भी कार्य ठीक समय पर ठीक ढंग से नहीं करता है तो इसका अर्थ है कि वह अपनी सफलता के प्रति भी लापरवाह है। लापरवाह व्यक्ति सफलता की कामना भी पूरी लापरवाही से करते हैं। अत: सफलता उनके लिए, बहुत दूर की वस्तु ही बनी रहती है।

जीवन में कुछ अर्जित करना है तो जो भी करें पूर्ण तन-मन से, पूरे ध्यान से, विवेक से एवं पूर्णतया अनुशासन में रहकर करें, तभी आप कुछ अर्जित कर सकते हैं।

जीवन

- Life is an opportunity, capture it.
- Life is a beauty, admire it.
- Life is a dream, realize it.
- Life is a challenge, meet it.
- Life is a duty, complete it.
- Life is a game, play it.
- Life is a promise, fulfill it.
- Life is a sorrow, overcome it.
- Life is a song, sing it.
- Life is a struggle, accept it.
- Life is a tragedy, confront it.
- Life is an adventure, dare it.
- Life is a destiny, make it.
- Life is a life, fight for it!"

> *It is not the length of life, but depth of life that matters.*

परीक्षा से पूर्व

1 पूर्णतया तैयार हों

अभीष्ट परीक्षा हेतु आप अपनी पूरी क्षमता/योग्यतानुसार पूरी तरह से तैयारी करें। **उन महत्त्वपूर्ण प्रश्नों पर जो पिछले वर्षों के प्रश्न-पत्रों से परिलक्षित हैं अध्ययन करते समय अधिक ध्यान दें।** इसका अर्थ यह नहीं है कि आप केवल चुनिन्दा प्रश्नों को ही तैयार करें, ना इसका अर्थ यह है कि शॉटकट्स में विश्वास रखें। इसका सीधा अर्थ यह है कि आपको यह ज्ञान होना चाहिए कि अभी तक का परीक्षा का ट्रैण्ड जैसा है यदि वैसा ही रहता है तो आप इसके अनुसार पूरी तरह से तैयार रहें।

② समुचित प्रैक्टिस करें

परीक्षा में जिस तरह के प्रश्न आते हैं उनकी अच्छी प्रैक्टिस से पूर्व में ही कर लेनी चाहिए। यदि परीक्षा में लघु-निबन्धात्मक (Short-Essay) प्रकार के प्रश्न पूछे जाते हैं तो आप लिखने की प्रैक्टिस करें। इसी तरह यदि परीक्षा में न्यूमेरिकल्स, डाटा इन्टरप्रीटेशन या ग्राफ्स से सम्बन्धित प्रश्न पूछे जाते हैं तो इस तरह के प्रश्नों की प्रैक्टिस (परीक्षा में दी जाने वाली समय सीमा को ध्यान में रखकर) पूर्व में ही की जानी आवश्यक है। यदि परीक्षा में कैल्कुलेटर काम में लेने की मनाही है, तो प्रैक्टिस करते समय कभी भी कैल्कुलेटर का प्रयोग नहीं करना चाहिए।

③ रिवीजन हेतु टाइम-टेबल बनाएँ

जो भी आपने पढ़ा है, उसका रिवीजन करने के लिए, अपना टाइम-टेबल तय करें। ध्यान रखें, अच्छे अंक अर्जित करने हेतु रिवीजन बहुत आवश्यक है। यह रिवीजन परीक्षा तिथि से कम-से-कम 15 दिन पूर्व ही पूर्ण हो जाना चाहिए।

④ आपके बनाए नोट्स सरल हों

आपके द्वारा बनाए गए नोट्स इस तरह से संक्षिप्त एवं सरल रूप में होने चाहिए कि देखते ही, सम्बन्धित विषय/टॉपिक के सम्बन्ध में सब कुछ ध्यान आ जाए। इसके लिए आप, हैडिंग्स, सब-हैडिंग्स को बिन्दुवार बनाकर, प्वॉइन्ट्स को याद करने हेतु कोई अंग्रेजी एक्रोनिम तैयार कर सकते हैं; जैसे किसी टॉपिक पर निम्न पाँच प्वॉइन्ट्स हैं—

Implementation of policy	—	(I)
Social effects	—	(S)
Economic effects	—	(E)
Financial effects	—	(F)
Causes of failure	—	(C)

इन प्वॉइन्ट्स का ध्यान रखने हेतु इन्हें ISEFC या SEFIC करके याद रखा जाना सरल होता है।

⑤ किसी प्रश्न को पूछने में हिचकिचाएँ नहीं

यदि आपको कोई विषय-वस्तु समझ में नहीं आ रही है तो उस पर अपने मित्रों, अध्यापकों से चर्चा करें। उनसे पूछने में आपको हिचकिचाहट नहीं होनी चाहिए।

⑥ अन्तिम समय में रिवीजन करने से दूर रहें

बहुत-से छात्र, परीक्षा हाल में घुसने से पूर्व कुछ-न-कुछ पढ़ते या रिवाइज करते देखे जाते हैं। ऐसा नहीं करना चाहिए। ऐसा करने से आप तनावग्रस्त हो सकते हैं। आप डिप्रेशन या फॉरगेटफुलनेस (सब कुछ भूल जाना) के शिकार हो सकते हैं।

⑦ अच्छी तरह सोएँ एवं भोजन करें

बहुत-से छात्र, परीक्षा के दिन न कुछ खाते हैं, न सोते हैं। सारी रात पढ़कर, दूसरे दिन परीक्षा देने जाते हैं। पूरी नींद एवं हल्का खाना दोनों ही ढंग से परीक्षा देने हेतु अति आवश्यक हैं। आप परीक्षा को अपने ऊपर 'हावी' न होने दें। परीक्षा हेतु आप काफी समय से तैयारी कर रहें हैं, आपको बहुत सामान्य होकर परीक्षा देने जाना है।

> *Abnormalcy means, you are in tension.*
> असामान्य अवस्था, आपके तनाव की परिचायक है।

परीक्षा पूर्ण तरो-ताजगी से एवं तनाव रहित होकर देनी चाहिए।

परीक्षा हेतु महत्वपूर्ण तथ्य

- परीक्षा की तिथियाँ एवं दिन क्या हैं?
- परीक्षा का समय क्या है?
- परीक्षा में कितना समय आपको दिया जाएगा?
- आप परीक्षा देने हेतु किस वाहन से जाएँगे? यदि अपने वाहन से, तो उसमें पेट्रोल इत्यादि पहले से ही भरवा लें एवं मिस्त्री से एक बार जाँच भी करवा लें।
- पेन, पेन्सिल, रबर, शार्पनर, स्केल, कैलकुलेटर, पानी की बोतल, रूमाल जिन-जिन सामान की आवश्यकता है, उन्हें पहले से ही अलग रख लें।
- अपना एडमिट कार्ड, रोल नम्बर इत्यादि सम्भालकर पहले से ही ठीक जगह पर अन्य वस्तुओं (बिन्दु-5) के साथ रख लें।

परीक्षा के दिन की तैयारियाँ

1 जो आपको नहीं आता उससे परेशान न हों

परीक्षा के दिन, इस बात को अच्छी तरह याद रखें कि आप सबकुछ नहीं जान सकते। बहुत-सी कमियाँ आपके द्वारा अपनी योग्यता/क्षमता के अनुसार तैयारी करने के बाद भी रह जाती हैं, उनसे परेशान न हों। यह सभी छात्रों के साथ होता है।

2 सकारात्मक सोच रखें

खूब उत्साहपूर्वक परीक्षा देने जाएँ। वैसे भी सोचें—निरुत्साहित/निराशापूर्ण स्थिति में नकारात्मक सोच रखने से क्या अब कुछ लाभ हो सकता है?

③ तनाव पैदा करने वाले तत्त्वों से दूर रहें

ऐसे छात्रों से दूर रहें जो आपसे उस समय कुछ पूछना चाहते हैं। कई बार इस तरह से पूछे गए प्रश्न आपको तनावग्रस्त एवं हतोत्साहित कर सकते हैं। कई छात्र, अन्य छात्रों को परेशान करने हेतु इस तरह का व्यवहार करते हैं।

④ परीक्षा केन्द्र हेतु कुछ जल्दी चलें

परीक्षा केन्द्र को जाने हेतु थोड़ा शीघ्र ही चल दें। हो सकता है आप जिस साधन से जा रहे हैं, उसमें कोई परेशानी हो जाए या अन्य कोई ऐसी परिस्थिति बन जाए जिसमें आपको देर लग जाए। इन सब परिस्थितियों को ध्यान में रखकर घर से कुछ जल्दी चलें।

⑤ आवश्यक सामान साथ ले जाना न भूलें

अपना रोल नम्बर, एडमिटक कार्ड, पेन, पेन्सिल, रबड़, स्केल, शार्पनर इत्यादि अपने साथ ले जाना कभी नहीं भूलें। यदि अपने साथ पानी की बोतल ले जाएँ तो भी उचित होगा। आपको पानी के लिए इन्तजार नहीं करना होगा और आपको स्वच्छ शुद्ध पानी मिल जाएगा।

⑥ परीक्षा से पूर्व शौच अवश्य जाएँ

बीच परीक्षा में शौचालय इत्यादि जाने से आपकी एकाग्रता टूटती है, समय नष्ट होता है।

याद रखें

परीक्षा में सफलता, आपकी शैक्षणिक विषयों की तैयारी के आधार पर ही प्राप्त नहीं की जा सकती है। आपको स्वयं को पूर्ण स्वस्थ एवं व्यवस्थित रखने की आवश्यकता भी है। परीक्षा स्थल पर पूर्ण तैयारी के साथ, समय पर पहुँचकर, तत्परता के साथ, धैर्यपूर्वक परीक्षा में प्रश्नों के उत्तर सही प्रकार से लिखने की भी आवश्यकता है। परीक्षा में अंक, प्रश्न-पत्र के उत्तर लिखने के आधार पर दिए जाते हैं, न कि आपको कितना याद है?, आपने कितनी मेहनत की है? इन आधारों पर!

परीक्षा देते समय

1 अपनी सीट को जाँचें-आराम से बैठें

आपको जिस सीट पर बैठना है, उसे जाँच लें। कहीं कुर्सी या टेबल में कील इत्यादि तो निकली हुई नहीं है? कहीं कुर्सी, टेबल लिखते समय हिलती तो नहीं है, अगर ऐसा कुछ लगे तो परीक्षक से निवेदन करके सीट बदलवा लें।

2 उत्तर पुस्तिका मिलने पर

उत्तर-पुस्तिका मिलने के बाद, उस पर दिए गए निर्देशों को अच्छी तरह पढ़ें। जो भी पूर्तियाँ करनी हैं, उनकी पूर्ति धीरे-धीरे एवं साफ अक्षरों में करें। कोई भी आवश्यक कॉलम खाली न छोड़ें। यदि कोई सन्देह है तो परीक्षक से जानकारी करके तुरन्त भर लें।

③ प्रश्न-पत्र मिलने पर

सर्वप्रथम प्रश्न-पत्र को पूरा पढ़ें। जो हिदायतें दी गई हैं उनको ध्यान रखें; जैसे—कई बार प्रथम प्रश्न अनिवार्य होता है या प्रत्येक भाग A, B या C में से एक-एक प्रश्न करना आवश्यक होता है या हर प्रश्न के अंक समान नहीं हैं, या समान हैं।

इस तरह के निर्देशों को अच्छी तरह से पढ़ लें। कोई भी सन्देह है तो परीक्षक से जानकरी करें। इस तरह के निर्देशों को अच्छी तरह लेकिन शीघ्रता से पढ़ लें। अनावश्यक अधिक समय न लगाएँ क्योंकि प्रश्न-पत्र को हल भी करना है। समय बहुत कीमती है।

④ आसान प्रश्न से शुरू करें

सबसे पहले उस प्रश्न का उत्तर देना शुरू करें जो आपको सरलतम लगे। इससे आपका आत्मविश्वास बढ़ेगा। यदि प्रश्न-पत्र वस्तुनिष्ठ प्रकार का है तो ध्यान रखें, किसी प्रश्न में फँस न जाएँ। कई बार सरलता से हल होने वाले प्रश्न को हल करने में बहुत अधिक समय लगता है। समय सीमा का ध्यान रखकर ही प्रश्न को हल करें।

⑤ समय सीमा का ध्यान रखें

समय सीमा का विशेष रूप से ध्यान रखें। किसी भी प्रश्न में आवश्यकता से अधिक समय न लगाएँ इससे आपको अन्य प्रश्नों का हल करने हेतु कम समय बचेगा। प्रश्न के अन्त में कुछ जगह छोड़कर फिर दूसरा प्रश्न हल करना शुरू करें। कई बार पहले प्रश्न के सम्बन्ध में कोई महत्त्वपूर्ण बिन्दु बाद में ध्यान आता है तो आप स्टार (*) मार्क करके उसे वहाँ लिख सकें, इतनी जगह छोड़ दें।

⑥ स्पष्ट एवं स्वच्छ लिखें

आपका लेख बहुत सुन्दर हो, यह आवश्यक नहीं है लेकिन स्पष्ट रूप से समझ में आ जाएँ, ऐसा अवश्य होना चाहिए। जल्दी-जल्दी में ऐसा न लिखें कि समझ में ही न आ सके। जहाँ तक हो सके बार-बार कटिंग न करें। इससे आपको कुछ अंक कम मिल सकते हैं। अत: स्वच्छ एवं स्पष्ट लेख में उत्तर लिखें।

⑦ प्रश्न को उत्तर-पुस्तिका में न लिखें

उत्तर-पुस्तिका में प्रश्न लिखने की आवश्यकता नहीं है। लेकिन प्रश्न का क्रमांक अवश्य लिखें। यदि प्रश्न किसी भाग A, B या C से है जो प्रश्न के क्रमांक से पूर्व A, B या C यथानुसार लिखना चाहिए।

⑧ चित्र स्पष्ट बनाएँ

यदि प्रश्न का उत्तर लिखते समय कोई डायग्राम बना रहे हैं तो उसे स्पष्ट एवं कुछ बड़े आकार का बनाएँ। कई छात्र डायग्राम बहुत छोटा बनाते हैं। डायग्राम में यदि किन्हीं बिन्दुओं पर A, B, C अथवा X, Y, Z कुछ लिखना हो तो वह पूर्णतया स्पष्ट पढ़ने में आना चाहिए।

⑨ संगत बातें ही लिखें

कई छात्र यह समझते हैं कि अधिक लिखने से अधिक नम्बर मिलते हैं। यह गलत सोच है। आपका उत्तर 'टू द प्वॉइन्ट' होना चाहिए। असंगत (Irrelevant) बातें नहीं लिखें। इससे आपको 'अधिक' की जगह 'कम' अंक मिलने की सम्भावना है।

🔟 शब्द सीमा का ध्यान रखें

यदि प्रश्न में शब्द सीमा निर्धारित है तो आपका उत्तर जहाँ तक सम्भव हो उस शब्द सीमा में ही होना चाहिए। कई बार दो लाइन में उत्तर लिखने को निर्देशित किया गया होता है तो कई छात्र बहुत ही छोटे-छोटे शब्दों में उत्तर लिख देते हैं। पाँच लाइन में आने वाले शब्दों को दो लाइन में लिख देते हैं। इससे आपको उस उत्तर में पूरे अंक कभी नहीं मिलते। ऐसे प्रश्न पूछने का आशय, आपकी इस योग्यता की जाँच करना है कि आप महत्त्वपूर्ण तथ्यों को किस तरह संक्षिप्त रूप में प्रस्तुत कर सकते हैं।

परीक्षा समाप्ति पर

जब आप सभी प्रश्नों का उत्तर दे चुके हों और आपके पास समय हो तो, उत्तरों को सरसरी निगाह से अवश्य देख लें। परीक्षा भवन छोड़ने की शीघ्रता नहीं करें। यदि शेष समय में किसी प्रश्न में कुछ और लिखना चाहते हैं तो इस समय का सदुपयोग कर लें।

परीक्षा के बाद

यदि आपको दूसरे-तीसरे दिन पुन: किसी विषय की परीक्षा देनी है तो आज दिए गए प्रश्न-पत्र के उत्तरों के सही-गलत होने को मिलाने में, अपने मित्रों से उस विषय पर वार्तालाप में, बिल्कुल भी समय नष्ट न करें। दूसरे विषय की तैयारी हेतु तत्पर हो जाएँ। इससे आपका पूरा समय बचेगा एवं यदि कोई उत्तर गलत हो गए हैं तो उससे तनाव, निराशा से आप बच जाएँगे। क्योंकि जो गलती हो गई वह अब तो ठीक हो नहीं सकती। कई छात्रों को इस तरह की गई गलती के लिए रोते हुए, बहुत अधिक पछताते हुए, स्वयं को एवं भाग्य को कोसते हुए तथा अपना समय नष्ट करते हुए देखा जाता है।

छात्रों के प्रकार एवं अध्ययन कौशलता

हर छात्र, अन्य छात्रों से थोड़ा अलग होता है। सभी छात्र किसी भी परीक्षा हेतु लगभग समान अध्ययन सामग्री का उपयोग करते हैं। कुछ छात्र, अन्य से अधिक अच्छे अंक प्राप्त करते हैं, कुछ औसत अंक प्राप्त करते हैं, जबकि कुछ छात्रों के बहुत कम अंक आते हैं। ऐसा क्यों? इस क्यों का जवाब बहुत कुछ, छात्रों द्वारा अपनाए गए '**अध्ययन के पैटर्न**' में समाहित है।

हर छात्र की अपनी कुछ विशेषताएँ होती है। कई छात्र लिखकर अच्छी तरह याद कर सकते हैं, कई छात्र किसी बात को सुनकर अच्छी तरह ग्रहण कर पाते हैं, कई छात्र देखकर अच्छी तरह समझ पाते हैं। कुछ छात्र शान्त जगह में बैठकर पढ़ना पसन्द करते हैं, जबकि कुछ छात्र संगीत की धुन सुनते हुए पढ़ते हैं। कुछ छात्रों को कुर्सी-टेबल पर बैठकर पढ़ना अच्छा लगता है जबकि कुछ छात्र आराम से लेटकर पढ़ते हैं। कुछ छात्र अकेले में पढ़ाई करना चाहते हैं तो कुछ को समूह में पढ़ाई करने में मजा आता है। कुछ छात्र पूरे कपड़े पहनकर, जूते इत्यादि बाँधकर, पूरे तैयार होकर पढ़ने में आनन्द महसूस करते हैं जबकि कुछ छात्र एकदम ढीले-ढाले कपड़े पहनकर, कई छात्र तो नंगे बदन पढ़ना पसन्द करते हैं। कई छात्रों को तेज रोशनी में पढ़ना अच्छा लगता है, जबकि कुछ छात्र ऐसे भी होते हैं जो थोड़े अन्धेरे में ही पढ़ना उचित समझते हैं। कुछ छात्रों को पढ़ते समय कुछ-न-कुछ खाने के लिए चाहिए, जबकि कुछ छात्र बीच-बीच में खाते रहने को गलत मानते हैं। कुछ छात्र लगातार 5-6 घण्टे एक साथ पढ़ सकते हैं तो कुछ छात्र हर घण्टे बाद कुछ आराम करना पसन्द करते हैं। कुछ छात्र चुपचाप बैठकर पढ़ना पसन्द करते हैं तो कुछ छात्र कमरे में चहल-कदमी करते हुए पढ़ते हैं। कुछ छात्र आँखों से ही पढ़कर सन्तुष्ट हो जाते हैं।

एक छात्र के लिए सही अध्ययन का तरीका क्या है? इस पर मनोवैज्ञानिकों का क्या कहना है? मनोवैज्ञानिकों ने छात्रों को उनके अध्ययन के तरीकों (Study style) के आधार पर तीन भागों में वर्गीकृत किया है—

1 श्रवण छात्र

ऐसे छात्र जो किसी बात को सुनकर अच्छी तरह ग्रहण कर सकते हैं। ऐसे छात्र जो क्लास में लेक्चर सुनने से, आपसी बातचीत से, वार्तालाप या विवाद से अधिक अच्छी तरह किसी टॉपिक को समझ सकते हैं, याद कर पाते हैं, ग्रहण कर पाते हैं, इस श्रेणी में सम्मिलित हैं। ऐसे छात्र पढ़ते समय बोलकर पढ़ना अधिक उचित समझते हैं। उनके लिए आँखों से पढ़ने मात्र से किसी टॉपिक को अच्छी तरह से समझना कम आसान होता है।

2 दृश्य छात्र

ऐसे छात्र 'आँखों' के रास्ते चीजों को अधिक आसानी से ग्रहण करते हैं। जो छात्र ग्राफ, टेबल, वीडियो क्लिप, चार्ट्स, नक्शे इत्यादि के माध्यम से किसी टॉपिक को अधिक आसानी से ग्रहण कर पाते हैं, इस श्रेणी में आते हैं।

ऐसे छात्र कक्षा में आगे बैठकर, ध्यान से प्रोफेसर को देखते रहते हैं। प्रोफेसर के हाव-भाव, बॉडी लैंग्वेज उन पर भरपूर प्रभाव डालती है। ऐसे छात्र चुपचाप एक कमरे में बैठकर पढ़ना पसन्द करते हैं एवं कुछ-न-कुछ कागज पर लिखते रहते हैं या चित्र बनाते रहते हैं। ऐसे छात्र आँखों से ही किताब पढ़ते हैं, उन्हें बोलकर पढ़ना बिल्कुल अच्छा नहीं लगता है। ग्राफ, चार्ट, नक्शे से समझ आने वाले प्रश्न उन्हें बहुत जल्दी एवं अच्छी तरह समझ में आते हैं।

③ असहज छात्र

ऐसे छात्र जो पढ़ते समय पैर हिलाते रहते हैं, कमरे में चहल-कदमी करते रहते हैं, हाथों को इधर-उधर हिलाते रहते हैं। ऐसे छात्र जिन्हें चुपचाप बैठकर पढ़ना अच्छा नहीं लगता, इस श्रेणी में सम्मिलित किए जाते हैं।

ऐसे छात्र, म्यूजिक के साथ हाथ-पैर हिलाते हुए पढ़ना अधिक पसन्द करते हैं। ऐसे छात्र कम्प्यूटर में गेम्स इत्यादि खेलने में काफी रुचि दिखाते हैं। उन्हें किसी भी टॉपिक को पढ़ते समय अपना सिर या पैर हिलाते हुए देखा जा सकता है। ऐसे छात्र नोट्स बनाकर पढ़ने में भी अधिक विश्वास रखते हैं, क्योंकि नोट्स बनाते समय हाथ गति में रहता है।

विभिन्न अध्ययन शैलियाँ

श्रवणात्मक अध्ययन शैली

- किसी का नाम सुनकर मैं अच्छी तरह याद रख सकता हूँ।
- किताब पढ़ने की अपेक्षा मुझे लेक्चर सुनना ज्यादा अच्छा लगता है।
- गाने सुनना, म्यूजिक सुनना पसन्द करता हूँ।
- मुझे दोस्तों से वार्तालाप करके पढ़ना अच्छा लगता है।
- मैं अच्छा भाषण देना एवं सुनना पसन्द करता हूँ।
- मैं रिकॉर्ड की हुई चीज अच्छी तरह समझ सकता हूँ।
- कक्षा में पढ़ते समय शोरगुल मुझे कतई पसन्द नहीं आता।
- मैं पढ़ते समय, बोलकर पढ़ता हूँ।
- किसी के द्वारा कही कहानी मुझे बहुत जल्दी याद हो जाती है।
- किसी भी बिन्दु पर डिस्कशन करने में मुझे बहुत मजा आता है।

दृश्यात्मक अध्ययन शैली

* मैं क्लास में पढ़ते समय प्रोफेसर के हाव-भाव, उनकी बॉडी लैंग्वेज से बहुत प्रभावित होता हूँ।
* मैं पढ़ते समय किताब में मुख्य बिन्दुओं को हाइलाइटर से चिन्हित करना पसन्द करता हूँ या अण्डरलाइन करता हूँ जिससे मुझे वे अलग से दिखाई दें।
* मैं क्लिप, चार्ट्स, ग्राफ्स के माध्यम से किसी टॉपिक को अच्छी तरह समझ सकता हूँ, समझा सकता हूँ।
* मुझे ऐसी कहानियाँ, किताबें पढ़ना ज्यादा अच्छा लगता है जिनमें चित्र इत्यादि हों।
* मैं कक्षा में नोट्स लिखता हूँ।
* मैं शान्त एवं एकान्त जगह में पढ़ना पसन्द करता हूँ।
* पढ़ते समय, मैं छोटे रूप में पढ़े हुए टॉपिक के सन्दर्भ में किताब में ही अलग या कॉपी में कुछ-न-कुछ लिखता हूँ।
* यदि कोई बात अलग से किसी पोस्टर/बोर्ड पर लिखी है तो मैं अच्छी तरह याद कर पाता हूँ।
* मैं किसी टॉपिक को जब याद करता हूँ तो उसका एक खाका/चित्र-सा दिमाग में बन जाता है।
* मैं बोलकर पढ़ना पसन्द नहीं करता हूँ।

असहज अध्ययन शैली

* मुझे खड़े रहकर या चहल-कदमी करते हुए कार्य करना, पढ़ना अच्छा लगता है। चुपचाप बैठना मुझे पसन्द नहीं।
* मैं पढ़ते समय च्यूइंग गम खाना या कुछ-न-कुछ खाते रहना पसन्द करता हूँ।
* मुझे पढ़ते समय गाना/म्यूजिक सुनते रहना पसन्द है।
* मुझे प्रैक्टिकल्स करना ज्यादा अच्छा लगता है।
* मुझे खेलना एवं एक्टिवली किसी कार्य में लगना अच्छा लगता है।
* मुझे किसी टॉपिक को समझाते समय हाथों से इशारे करके बताना अच्छा लगता है।
* मुझे ऐसे कार्य सीखना अधिक पसन्द है जिसमें उस कार्य का होना प्रदर्शित किया जाए, जिसे करके बताया जाए न कि मात्र भाषण देकर।
* मुझे किसी प्रोजेक्ट पर काम करना उसकी थ्योरी लिखने से ज्यादा अच्छा लगता है।

- मुझे ऐसे नाटक में भाग लेना अच्छा लगता है जिसमें कुछ-न-कुछ करना होता है, न कि मात्र बात-चीत करना।

- मुझे घर पर टीवी देखने की अपेक्षा, फुटबॉल, वॉलीबॉल, टेनिस खेलना अधिक अच्छा लगता है।

- बहुत-से छात्रों में मिक्स्ड विशेषताएँ भी पाई जाती हैं। मुख्य बात समझने की यह है कि आप अपनी विशेषताओं के अनुसार अपना अध्ययन यदि करते हैं तो किसी बात को ज्यादा अच्छी तरह से ग्रहण कर सकते हैं।

- आपके अध्ययन का तरीका, आपकी स्वयं की विशेषताओं के अनुरूप होना चाहिए।

SQ3R अध्ययन का तरीका

विद्वानों ने SQ3R अध्ययन का तरीका, बहुत ही प्रभावशाली माना है इसका वैज्ञानिक आधार छात्रों को किसी टॉपिक को बहुत अच्छी तरह समझने एवं याद करने में बहुत मद्दगार साबित हुआ है।

<table>
<tr><td colspan="2">SQ3R Method क्या है?</td></tr>
<tr><td>S</td><td>SURVEY</td></tr>
<tr><td>Q</td><td>QUESTION</td></tr>
<tr><td>R</td><td>READ</td></tr>
<tr><td>R</td><td>RECITE</td></tr>
<tr><td>R</td><td>REVIEW</td></tr>
</table>

अध्ययन से पूर्व पाठ का अवलोकन करें

- टाइटल, हैडिंग्स एवं सब-हैडिंग्स
- चित्रों, चार्टों, आरेखों तथा नक्शों के नीचे दिए गए कैप्शन
- प्रश्नों अथवा शिक्षकों द्वारा दिए गए निर्देशों का मूल्यांकन
- पाठ का सार

अवलोकन के दौरान उठने वाले प्रश्न

- अध्याय-शीर्षक, हैडिंग्स एवं सब-हैडिंग्स को प्रश्नों में बदल लें।
- पाठ के अंत तथा प्रत्येक सब-हैडिंग्स के बाद दिए गए प्रश्नों को पढ़ें
- स्वयं से पूछें कि जब यह अध्याय या विषय मेरे इंस्ट्रक्टर के पास जाएगा तब वे क्या कहेंगे?
- स्वयं से पूछें कि मैं इस विषय के बारे में क्या जानता हूँ?

जब आप अध्ययन शुरू करें

- उन प्रश्नों के उत्तर ढूँढ़ें जो आपके मन में आए हैं।
- पाठ के आरम्भ तथा अंत में दिए गए प्रश्नों के उत्तर दें।
- चित्रों, चार्टों, आरेखों तथा नक्शों के नीचे दिए गए कैप्शन को पुन: पढ़ें।
- सभी अण्डरलाइन, इटैलिक, बोल्ड शब्दों या वाक्यों को नोट करें।

- आरेखों से जुड़े तथ्यों का अध्ययन करें।
- कठिन अनुच्छेदों में अपने अध्ययन की गति को कम करें।
- अस्पष्ट अंशों को बार-बार पढ़ें।
- एक समय में केवल एक भाग का अध्ययन करें।

एक अंश के अध्ययन के बाद उसकी व्याख्या

- जो भाग आपने पढ़ा है स्वयं से उससे सम्बन्धित मौखिक प्रश्न करें और उसे अपने शब्दों में संक्षिप्त करें।
- पाठ्य सामग्री की विषय वस्तु को अपने शब्दों में लिखें।
- स्वयं के द्वारा पढ़े गए महत्त्वपूर्ण बिन्दुओं को अण्डरलाइन करें या हाइलाइट करें।
- याद करने के तरीकों को प्रभावी बनाएँ—
  त्रिस्तरीय अध्ययन क्षमता—देखो, बोलो, सुनो
  चतुस्तरीय अध्ययन क्षमता—देखो, बोलो, सुनो, लिखो

मूल्यांकन एक सतत प्रक्रिया

प्रथम दिवस

- पाठ को पढ़ने तथा उसे दोहराने के प्रक्रिया के बाद प्रश्नों के उन तथ्यों को लिखें, जिन्हे आपने अण्डरलाइन किया है।
- यदि आपने दोहराव के दौरान प्रश्नों के लिए नोट तैयार किए हैं तो उस नोटबुक की बाईं ओर खाली जगहों में प्रश्नों को लिखें।

द्वितीय दिवस

- पूरे पाठ का अध्ययन करने के बाद उन स्थानों पर प्रश्नों को लिखें जहाँ आपने महत्त्वपूर्ण बिन्दुओं को अण्डरलाइन किया है अथवा विशिष्ट रंग की पेंसिल से हाइलाइट करें।
- नोट बुक में बाईं ओर लिखे प्रश्नों के उत्तर स्वयं ही दाईं ओर के खाली स्थान में लिखें।
- मौखिक रूप से प्रश्नों के उत्तर को दोहराएँ अथवा उन्हें लिखें।
- ऐसे प्रश्नों के 'फ्लैश कार्ड' बनाएँ जो आपको कठिन लगते हों।

- स्मृति-सहायक साधनों (Mnemonic) को विकसित करें। (यह एक प्रकार का शब्द, लघु कविता या वाक्य होता है जो चीजों को याद रखने के लिए बनाया जाता है)

तृतीय, चतुर्थ तथा पंचम दिवस

- अपने फ्लैश कार्ड तथा नोट्स को आपस में बदलें और स्वयं द्वारा बनाए प्रश्नों (लिखित या मौखिक) का मूल्यांकन करें।
- आवश्यकतानुसार अतिरिक्त फ्लैश कार्डों का निर्माण करें।

सप्ताहान्त

- विषय-वस्तु और नोटबुक का प्रयोग करते हुए पाठ के सभी टॉपिक्स तथा सब-टॉपिक्स की एक सूची बनाएँ।
- विषय-सूची की सहायता से एक स्टडी शीट बनाएँ।
- स्टडी शीट की सहायता से सारी सूचनाओं को अपने शब्दों में दोहराएँ।
- इस तरह आप पाठ की सभी सूचनाओं को आत्मसात् करने में सफल होंगे तथा परीक्षा के समय आपको इसका लाभ मिलेगा।

साभार–रॉबिन्सन, फ्रांसिस प्लीजैन्ट (1961, 1970) इफैक्टिव स्टडी (चतुर्थ संस्करण) हार्पर एण्ड रॉ, न्यूयॉर्क

नोट्स तैयार करना

नोट्स तैयार करने के मुख्य रूप से दो उद्देश्य होते हैं:

1. **डिटेल नोट्स** विभिन्न पुस्तकों में उपलब्ध सामग्री को समग्र रूप से एक जगह एकत्र करना।

2. **शॉर्ट नोट्स** परीक्षा से पहले कम समय में नोट्स को रिवाइज करना।

① डिटेल नोट्स

प्रथम उद्देश्य से बनाए गए नोट्स काफी विस्तृत रूप से बनाए जाते हैं। इनका उद्देश्य, बाद में किताबें न पढ़कर इन्हें ही बार-बार पढ़ना होता है। ऐसे नोट्स बनाते समय बहुत सावधानी रखने की आवश्यकता होती है। लिखते समय बहुत स्पष्ट एवं तरतीब से लिखना होता है।

एक तरह से जिस तरह पुस्तकों में पहले हैडिंग फिर सब-हैडिंग, फिर उसके भी सब-हैडिंग लिखे जाते हैं उसी तरह से नोट्स, अच्छी भाषा में बनाए जाते हैं। अच्छी भाषा का अर्थ, परीक्षा के लिए उपयोगी भाषा है। इस तरह से नोट्स वे ही छात्र बना पाते हैं जिनका लेख सुन्दर एवं स्पष्ट होता है एवं जो शुरू से ही पढ़ाई बहुत गम्भीरता से करते हैं। इस तरह से नोट्स बनाकर पढ़ना, एक बहुत ही अच्छी आदत है।

यद्यपि इस कार्य में बहुत मेहनत, सावधानी एवं धैर्य की आवश्यकता है लेकिन जिन छात्रों का लक्ष्य, महान् सफलता पाना होता है वे ही छात्र ऐसा कर पाने की क्षमता रखते हैं।

② शॉर्ट नोट्स

दूसरे प्रकार के नोट्स बनाने का उद्देश्य परीक्षा से पूर्व शॉर्ट (short) में 'शीघ्रता' से रिवीजन करने की सुविधा जुटाना होता है। परीक्षा के समय, समय का बहुत अभाव होता है। कई बार मात्र एक दिन का ही समय मिल पाता है। इस एक दिन में पूरी पुस्तक पढ़ना या, विस्तृत नोट्स पढ़ना सम्भव नहीं होता है। अतः टॉपिकवाइज नोट्स बनाकर, उसमें मात्र

मुख्य हैडिंग

1. *सब-हैडिंग*

    1.1   सब-सब हैडिंग

    1.2   सब-सब हैडिंग

    1.3   सब-सब हैडिंग

लिखी जाती हैं जिससे कि आप के द्वारा पूर्व में याद किए चैप्टर्स का संक्षिप्त रिवीजन आप कम समय में कर सकें।

ऐसे नोट्स बनाते समय भी बहुत सावधानी की आवश्यकता होती है। कोई भी मुख्य बिन्दु छूट न जाए तथा नोट्स बहुत स्पष्ट लेख में हों तथा तरतीब से बनाए गए होने चाहिए। ऐसे नोट्स का पूर्व में एक-दो बार रिवीजन कर लिया जाए तो परीक्षा में रिवीजन करने में बहुत आसानी एवं सुविधा रहती है।

- Notes making is an art, learn it!
- Notes are your weapons to fight the examinations.
- Notes must be quite sharpen and useful to help you kill the enemy.
- Notes helps you memorize and revise and revise the things fast and accurately.

असफल छात्र, सफलता प्राप्त करने हेतु

एक छात्र जो असफल हुआ है, इसका अर्थ है वह किसी परीक्षा में बैठा है, इसका अर्थ है कि उसने कोई लक्ष्य तो बनाया है। कम-से-कम वह उन छात्रों से तो श्रेष्ठ है जिन्होंने बिना कोई परीक्षा दिए ही हार मान ली। परीक्षा देने वाला छात्र चाहे असफल हो गया लेकिन वह हर उस छात्र से अधिक आत्मविश्वास रखता है, अधिक योग्यता, क्षमता रखता है, अधिक जागृत जीवन्त है जो उस परीक्षा को देने की हिम्मत ही न जुटा सके। कहते हैं—

> *गिरते हैं शहसवार ही मैदाने जंग में,*
> *वे तिफ्ल क्या गिरेंगे जो घुटनों के बल चलें।*

असफलता अभिशाप नहीं है। हर सफलता के पीछे कोई असफलताओं से प्राप्त शिक्षा, सीख होती है। असफलता को सफलता के मार्ग में कभी बाधक न समझें। यदि वर्तमान असफलता से कुछ सीख सकते हैं तो जीवन में बहुत बड़ी-बड़ी सफलताएँ आपका इन्तजार कर रही हैं।

असफलता को अपना मार्गदर्शक बनाएँ

आप किसी भी परीक्षा से असफल हुए हैं तो अपनी असफलता के कारणों को जानने का प्रयास करें। आप पूर्ण ईमानदारी और धैर्य से अपनी असफलता के लिए जिम्मेदार हर छोटे-बड़े कारण का आकलन करें।

पूर्ण ईमानदारी का अर्थ

आप पूर्वाग्रह रहित होकर अपनी कमजोरियों एवं कमियों को पहचानें, जानें। स्वयं के प्रति ईमानदार रहें। स्वयं से झूठ न बोलें। स्वयं को भ्रमित न करें।

धैर्य का अर्थ

बहुत सोच-समझकर अपनी असफलता हेतु जिम्मेदार विभिन्न घटकों पर विचार करें। सबसे अहम् बिन्दु यही है कि आप यह जान सकें कि आपसे कहाँ चूक हुई। कहीं आपकी तैयारी में कमी थी या आप तनाव में थे, या आपने परीक्षा देते समय कोई गलती कर दी या अन्य कोई कारण।

एक-एक कारण की स्वयं समीक्षा करें। हर कारण घटक को जानने के बाद सोचें कि आप इन कारणों को दूर कर सकने की स्थिति में हैं।

भाग्य या दुर्भाग्य को असफलता हेतु जिम्मेदार ठहराने का प्रयास न करें। यदि कुछ घटक/कारण ऐसे हैं जिनका परिमार्जन/उपाय आपके बस में नहीं है तो आपको अपने अभिभावकों या किसी अच्छे मित्र या किसी मनोचिकित्सक की राय लेनी चाहिए।

एक मेधावी छात्र को परीक्षा के दिन से पूर्व रात को नींद नहीं आने की परेशानी थी। वह इस कारण से परीक्षा के दिन पूरी तरह तरोताजा नहीं रह पाता था। उसने एक मनोवैज्ञानिक डॉक्टर से सम्पर्क किया। उसकी समस्या का निदान हो गया।

अभिभावकों की राय लें

देखा जाता है कि छात्र स्वयं अपनी समस्याओं एवं परेशानियों से जूझते रहते हैं। वे अभिभावकों से राय नहीं लेना चाहते हैं। वे सोचते हैं कि **अभिभावक क्या समझते हैं? वे क्या कर सकते हैं?** यह सच हो सकता है कि आपकी शैक्षिक समस्याओं के सम्बन्ध में शायद अभिभावक कुछ न कर सकें लेकिन उनका अनुभव आपसे बहुत अधिक है। उन्होंने भी अपनी उम्र में बहुत-सी समस्याओं का सामना किया है, उनका कोई मित्र, परिचित आपके काम आ सकता है। कम-से-कम आपको उनकी राय से कोई हानि तो नहीं हो सकती है।

याद रखें

अभिभावकों को ऐसी किसी भी स्थिति की तुरन्त जानकारी दें। छात्र द्वारा स्कूल/कॉलेज जीवन में गलतियाँ होती रहती हैं। यह बात आपके अभिभावक बहुत अच्छी तरह समझते हैं, वे आपको डाँट-फटकार तो सकते हैं लेकिन आपको ऐसी किसी भी स्थिति से निकालने में आपकी निश्चित ही मदद करेंगे।

कई छात्र स्कूल/कॉलेज में अपने सहपाठियों के किसी षड्यन्त्र का शिकार हो जाते हैं। स्वयं द्वारा की गई किसी गलती से अजीब उलझनों में फँस जाते हैं। वे बहुत तनाव में रहते हैं। ऐसी समस्याओं को अपने स्तर पर हर हालत में निबटाना चाहते हैं।

असफलता ही आपकी सफलता की कुँजी है

अपनी सफलता के कारणों का आकलन करने के बाद, आप पूर्ण आत्मविश्वास एवं दृढ़तापूर्वक, पुनः तैयारी करें। न निराश होने की आवश्यकता है, न ही यह सोचने की आवश्यकता है कि फिर हो गया तो क्या होगा? एक बार असफल होने के बाद, अधिकांश छात्र इस तनाव में रहते हैं कि फिर असफल हो गया तो क्या होगा? इसका सीधा-सा जवाब है कि जब ऐसा होगा तो सोचेंगे। आज ऐसा सोचने का कोई औचित्य नहीं है।

अधिकांश व्यक्तियों के तनाव का कारण भविष्य की बुरी आशंकाओं की कल्पना है। ऐसी कल्पनाएँ जो कभी घटित ही नहीं होती हैं। आप इस बार असफल हुए तो क्या हो गया। आपका यह निर्णय कि मुझे पुनः प्रयास करना चाहिए, यह आपका ही तो निर्णय है। आपमें यह विश्वास है कि मैं पुनः प्रयास करूँ तो असफलता मिल सकती है, तभी तो आप प्रयास हेतु तैयार हुए हैं। और जब आपमें यह आत्मविश्वास है तो पूरे संकल्प एवं लगन से जुट जाएँ सफलता क्यों नहीं मिलेगी? कोई आशंका मन में न लाएँ। **हर सफल व्यक्ति कितनी ही बार असफल होता है, फिर आप निराश क्यों हो रहे हैं।** आशा, आत्मविश्वास, दृढ़-संकल्प, कड़ी मेहनत के साथ अपनी कमियों/कमजोरियों का सच्चा आकलन कर उनका परिमार्जन करने से हर असम्भव कार्य सम्भव होता है।

लोग क्या कहेंगे?

यह एक ऐसी बीमारी है, जिससे क्या छात्र, क्या अभिभावक, सभी त्रस्त रहते हैं। मैं फेल हो गया तो लोग क्या कहेंगे? मेरा बेटा फेल हो गया तो लोग क्या कहेंगे? अधिकांश छात्र/अभिभावक इन्हीं उलझनों से तनावग्रस्त रहते हैं। **जो कहेंगे, कहने दो। वे आपकी असफलता को तो सफलता में बदल नहीं सकते।** वैसे भी लोग तो कहते ही हैं, चाहे आप सफल हों या असफल। हर व्यक्ति का अपना सोचने का ढंग होता है। आप सफल हो गए तो कहेंगे, उसे कितना घमण्ड हो गया है। फेल हो गए तो कहेंगे, हम तो पहले ही जानते थे, पास होना इतना आसान है क्या? स्वयं को बहुत इन्टेलीजेन्ट समझता था।

वैसे भी लोगों को दूसरों पर कुछ-न-कुछ टिप्पणी करने में मजा आता है। कोई सकारात्मक ढंग से सोचता है तो कोई नकारात्मक ढंग से। प्रश्न है कि आप यह सोचकर क्यों परेशान हैं कि लोग क्या कहेंगे?

मुख्य बात यही है कि आप अपने लक्ष्य को हासिल करने हेतु प्रयासरत रहें। पूरी ईमानदारी, लगन एवं निष्ठा से अपन कर्त्तव्य का पालन करें। आपको सफल होना है, चाहे कोई कुछ भी कहे। सफल होने के बाद, सब कुछ सुहावना लगता है। आपके समक्ष सब अच्छा ही बोलते हैं, पीछे चाहे कोई कुछ भी कहता रहे।

नकारात्मक सोच के व्यक्तियों से हमेशा दूर रहें

आपको जीवन में, अपने आस-पास ऐसे बहुत-से मित्र, रिश्तेदार, व्यक्ति मिल जाएँगे, जो आपको आगे बढ़ने से रोकने में बहुत अहम् भूमिका निभा सकते हैं।

जिनकी सोच हमेशा, आत्महीनता, निराशावादी एवं भाग्यवादी भरी होती है वे स्वयं तो जीवन में किसी उच्च मुकाम पर पहुँच नहीं सके और न ही चाहते हैं कि आप कुछ ऊँचा सोचें या ऊँचा करने की इच्छा रखें।

अधिकांश नकारात्मक व्यक्ति इस तरह की बातें करते हैं?

- भई, सोच लो इस परीक्षा में सारे देश में से मात्र 30 बच्चे ही सफल होते हैं। बैठते तो लाखों हैं लेकिन....। इसमें समय खराब करने से तो अच्छा है कि कोई अन्य परीक्षा हेतु तैयारी करें। फिर इसमें आरक्षण का भी तो चक्कर है।
- अरे! मेरे दोस्त का लड़का जिसके कक्षा-XII में 90% अंक आए थे, तीन बार इस परीक्षा में फेल होने के बाद अब बी. एससी. कर रहा है। क्या फायदा हुआ?
- भई, हमें अपनी औकात में रहकर ही सोचना चाहिए।
- आप, क्या उन छात्रों का मुकाबला करोगे, जो पिछले कई वर्षों से इस परीक्षा की तैयारी कर रहे हैं?

इस तरह की सोच, एक निराशावादी दृष्टिकोण, आत्मविश्वास की कमी एवं दूसरों की क्षमता के नकारात्मक आकलन को व्यक्त करती है। ऐसे व्यक्तियों से हमेशा दूर रहें।

अपने लक्ष्य का निर्धारण अपनी क्षमता एवं योग्यता के सन्दर्भ में करें। एक बार तय कर लिया तो फिर डटकर मेहनत करें एवं दुनिया को दिखा दें कि उनकी सोच कितनी संकीर्ण एवं नकारात्मक थी।

यह समय फिर कभी नहीं आएगा

छात्र-जीवन एक ऐसा मायावी समय है जब बच्चों में त्वरित शारीरिक परिवर्तन होता है। मस्तिष्क को बहुत कुछ नया जानने, देखने एवं सोचने की विषय-वस्तु मिलती है। शरीर में नया जोश, उमंग एवं शक्ति का संचार होता है। मस्तिष्क में 'कुछ नया कर गुजरने की' तमन्ना रहती है। शरीर में ऐसा जोश उछाल मारता है कि वह अपने आगे किसी को कुछ नहीं समझना चाहता है। सब कुछ वह तुरन्त कर लेना चाहता है। और यही वह समय है जब उसे पूर्ण धीरता से, पूर्ण गम्भीरता से, आस-पास के मनमोहक, सुहावने वातावरण से दूर रहकर, आत्मोत्कर्ष हेतु कठिन एवं लगातार मेहनत पूर्ण निष्ठा, लगन से संकल्पित एवं संयमित रहकर करनी होती है। मन कहता है कि खूब मौज करूँ, सब चीजों का मजा लूँ जबकि मस्तिष्क कहता है कि अपने लक्ष्य को पाने हेतु गम्भीर होना आवश्यक है।

मन एवं मस्तिष्क का यह द्वन्द्व, छात्र-जीवन, युवा-जीवन की एक कठिन विषमता है। अपने साथियों को मौजमस्ती करते देख, खेल-कूद में व्यस्त देख, मन बार-बार, उधर जाने को उकसाता है। मस्तिष्क में, अभिभावकों के दिए हुए संस्कार एवं शिक्षा, उधर जाने को पैरों में डाली बेड़ियों की तरह रोक लगाती है। छात्र-जीवन मन एवं मस्तिष्क के झंझावत में से गुजरता है।

छात्रों को इस तथ्य पर बहुत अच्छी तरह मनन करना चाहिए, इस बात को बहुत अच्छी तरह समझ लेना चाहिए कि आपको अपनी शिक्षा-दीक्षा हेतु मिला यह समय अपने जीवन में फिर कभी उपलब्ध नहीं हो सकेगा। छात्र-जीवन के ये पाँच-सात वर्ष इतने कीमती हैं, आपकी जो भी महत्त्वाकांक्षा है, उसको प्राप्त करने की नींव है, उतनी मन्जिलों वाली महत्त्वाकांक्षा रूपी इमारत आप पूरी कर सकेंगे। जितनी कमजोर नींव आपने रखी है, उतना ही कमजोर आपका सफलता प्राप्त करने का जज्बा होगा।

छात्र-जीवन एक ऐसा समय है जब आप स्वयं को भविष्य में मिलने वाली चुनौतियों हेतु तैयार कर सकते हैं। इस समय का ज्ञानार्जन, इस समय पड़ी हुई अच्छी आदतें, मेहनत करने की सामर्थ्यता, आपके भविष्य निर्माण की रूपरेखा बनाते हैं। जीवन में सुनहरे भविष्य हेतु, छात्र-जीवन में संयम, संकल्प एवं कठिन मेहनत की आवश्यकता है।

एक छात्र यदि यह समय व्यर्थ करता है तो फिर वह अपने जीवन में मौज-मस्ती की न सोचे बल्कि सारा जीवन आटा-नमक का भाव पूछने में ही लगाना होगा।

जरा सोचें

आप 5-7 वर्ष ही मौज-मस्ती करना चाहते हैं, वह भी अपने माता-पिता के पैसों के बल पर, या सारा जीवन स्वयं द्वारा अर्जित धन से मौज करना चाहते हैं।

माँ-बाप की सलाह छात्रों को बहुत नागवार लगती है। बात-बात पर बच्चों को दी जाने वाली सलाह, उन्हें डाँटा जाना, उन पर पाबन्दियों का लगाना, अच्छा-बुरा समझाना छात्रों को नहीं भाता है। छात्र माँ-बाप को 'जेनरेशन गैप' के कारण से गलत ठहराते हैं। या पुरानी मान्यताओं के कारण गलत ठहराते हैं।

प्रश्न सही या गलत का नहीं है। प्रश्न है, क्या आप द्वारा छात्र-जीवन में किए जा रहे कार्य, कृत्य लक्ष्य प्राप्ति के अनुरूप हैं या नहीं? **कहीं ऐसा तो नहीं जेनरेशन गैप की दुहाई देकर आप लक्ष्य से भटक रहे हैं?** कहीं ऐसा तो नहीं नई-पुरानी मान्यताओं का बहाना कर आप गलत मार्ग पर अग्रसर हो रहे हैं?

यह भी याद रखें

आप जो भी कर रहे हैं, वह आपके भविष्य को प्रभावित करेगा। अभिभावक अपने जीवन में जो कुछ कर सकते थे, कर चुके। वे केवल इसलिए ही चिन्तित रहते हैं कि आपका भविष्य अच्छा बने।

आपका सही-गलत कदम, उन्हें कम लेकिन आपको सबसे ज्यादा प्रभावित करेगा।

आप यदि सही दिशा में अग्रसर हैं तो यह आपके हित में है और यदि आप गलत दिशा में, पतन की ओर जा रहे हैं तो भी सबसे ज्यादा कष्ट आपके जीवन में ही आना है। अतः अपने जीवन को अच्छा बनाना है तो सही दिशा में कदम बढ़ाएँ और आप स्वयं के हित में कार्य करें। **छात्र-जीवन जैसा समय फिर कभी नहीं मिलेगा।**

इतना स्वतन्त्र समय, जब आपको किसी प्रकार के सामाजिक बन्धनों से सरोकार नहीं है, आर्थिक परेशानियों से कोई मतलब नहीं है। आपको हर तरह का सम्बल/सहयोग अभिभावक प्रदान करते हैं, फिर भी यदि आप स्वयं के हित में, सही मार्ग पर नहीं चल

सकते तो फिर कब चलेंगे? अपने आत्मोत्कर्ष हेतु मेहनत नहीं कर सकते तो आप जानें....।

> *चाहते हैं जीवन में कुछ कर दिखाना,*
> *मेहनत एवं लगन से कुछ अच्छा पाना,*
> *तो मत करो यह समय व्यर्थ,*
> *नहीं तो जीवन होगा आपका अपना व्यर्थ।*
> *आपका अपना ही व्यर्थ।।*

लक्ष्य को पूरा करने हेतु संकल्प तो लें

एक कहावत है—

> ***Where there is a will, there is a way.***
> *जहाँ चाह-वहाँ राह।*

इसका अर्थ है, यदि आप किसी चीज की चाहत रखते हैं, तो राह, रास्ता स्वयं निकल आता है। चाहत का अर्थ, मात्र सोचने भर से नहीं है, चाहत का अर्थ है कि उस चाहत को पूरा करने के लिए आप संकल्पित हों। आपने संकल्प कर लिया तो जो चाहे परिस्थितियों बनें, आपको लक्ष्य का संधारण करना ही है।

उस संकल्प को पूरा करने हेतु आपको कठिन एवं लगातार मेहनत; पूर्ण लगन, निष्ठा एवं आत्मविश्वास के साथ करनी है। संकल्प का अर्थ हुआ कि जो भी प्रयास, प्रयत्न एवं साधन, उस चाहत को पूरा करने के लिए आवश्यक हैं, उन्हें आपको जुटाना है। दृढ़ संकल्प, कड़ी मेहनत, आत्मविश्वास के बल पर चाहत पूरी की जा सकती है।

शेखचिल्ली न बनें

- यदि आप पहली बार में सफल हो जाएँ, तो अपनी हैरानी छुपाने की कोशिश करें।

- किसी भी ऐसे काम की शुरुआत न करें, जिसे आप खत्म न कर सकें।

- यदि आप शहद इकट्ठा करना चाहते हैं, तो मधुमक्खी के छत्ते को डण्डा न मारें।

- कुछ लोग अपनी नेकनामी पर इतना ध्यान देते हैं कि वे अपना चरित्र गवाँ बैठते हैं।

- सर्वश्रेष्ठ विचार का इन्तजार मत कीजिए, श्रेष्ठ विचार पर अमल कीजिए, उससे श्रेष्ठ और सर्वप्रथम स्वंय पीछे आएँगे।

- ईमानदारी से आठ घण्टे काम करके आप बॉस बन सकते हैं और फिर प्रतिदिन बारह घण्टे काम कर सकते हैं।

- यदि आप नहीं जानते कि बोलना कैसे है, तो अच्छा है कि चुप रहना सीखें।

- जो लोग जल्दबाजी करते हैं, वे ज्यादातर, घण्टे बर्बाद करने के बाद मिनट बचा रहे होते हैं।

- अपने ही शब्दों से हुई बदहजमी से बदतर कोई दूसरी चीज हो ही नहीं सकती।

- अपनी सामर्थ्य, योग्यता, साधन आपके पास चाहत के अनुसार हैं या नहीं यह आपको समझना, आँकना होगा।

- Analyze yourself *vis-a-vis* the desire you want to fulfil/achieve.

जापान के प्रसिद्ध सेनापति नोबुनागा में अपने सैनिकों में संकल्प शक्ति भरने की अद्भुत क्षमता थी। एक बार उन्हें युद्ध में पराजय मिली। सैनिकों में निराशा व्याप्त हो गई। नोबुनागा अपने सैनिकों को एक मन्दिर ले गया। उसने कहा, मैं एक सिक्के को तीन बार उछालूँगा। यदि सिक्का ज्यादा बार चित्त पड़ा तो जीत हमारी होगी। हम जमकर शत्रु का मुकाबला करेंगे। उसने सिक्का उछाला और तीनों बार चित्त आया। सैनिक खुशी से चिल्ला पड़े, ''जीत-जीत, हमारी जीत होगी।'' उनमें एक नई संकल्प शक्ति का संचार हुआ। उन्होंने पूरे जोश से शत्रु पर आक्रमण किया और विजयी हुए। तब नोबुनागा बोला ''सैनिकों, हमें यह जीत सिक्के के कारण नहीं, तुम्हारे संकल्प के कारण मिली है। क्योंकि यह सिक्का तो ऐसा है जो दोनों तरफ से एक जैसा है, अतः यह हमेशा चित्त ही आएगा।''

ज्ञान ही शक्ति है

सभी प्राणियों में मनुष्य सर्वश्रेष्ठ प्राणी, ज्ञान के बल पर ही बना है। मनुष्य ने ईश्वर प्रदत्त बुद्धि का उपयोग ज्ञानार्जन के लिए किया जिससे आज वह स्वयं से बहुत शक्तिशाली विभिन्न प्राणियों पर शासन करने में समर्थ हुआ।

हमारे चारों ओर दृष्टिगत आश्चर्यजनक वैज्ञानिक खोजें, आविष्कार, विशाल उद्योग, यातायात, संचार, चिकित्सा, हर क्षेत्र में उन्नति का कारण मनुष्य द्वारा अर्जित ज्ञान ही तो है। ज्ञान का अर्थ, स्कूल, कॉलेज की पढ़ाई तक ही समित नहीं है। इस पढ़ाई का क्रियाशील उपयोग करना ही ज्ञान है। मनुष्य के ज्ञानार्जन के अध्यवसाय में, विद्याध्ययन का स्थान प्रमुख है। जीवन में किसी भी क्षेत्र में सफलता का सूत्र 'ज्ञान' ही तो है। ज्ञान का अर्थ, उस क्षेत्र की सभी बारीकियों को समझकर, उचित समय पर उचित निर्णय करना है। ज्ञान आपको सही निर्णय, सही समय एवं सही दिशा में करने की क्षमता प्रदान करता है।

इस दुनिया में जितने भी सफल व्यक्ति हुए हैं उनकी सफलता का एक सूत्र, उनके द्वारा प्राप्त ज्ञान है। ऐसे लोगों ने अभावों में, विपदाओं में एवं हर विपरीत परिस्थिति में, अपना ज्ञानार्जन का अभ्यास नहीं छोड़ा। यदि उन्हें ज्ञान की इतनी उत्कट अभिलाषा नहीं होती तो निश्चित ही वे सफलता के उन सोपानों पर कदम भी न रख सकते।

लेकिन ध्यान रहे—'ज्ञान' के साथ पूर्ण लगन एवं निष्ठा से, लगातार मेहनत कर, लक्ष्य प्राप्ति हेतु संकल्पबद्ध होकर प्रयास करना आवश्यक है। ज्ञान सफलता की एक कड़ी है, लेकिन सफलता हेतु अन्य कड़ियों के साथ इसे जोड़ने से आप जीवन में जो चाहे पा सकते हैं। ज्ञान से आपको साहस एवं शक्ति मिलती है। विद्याध्ययन, ज्ञान प्राप्त करने का एक जरिया है। जिस तरह जीवन में सफलता हेतु 'ज्ञान' का महत्व है, उसी प्रकार ज्ञानार्जन हेतु विद्याध्ययन महत्त्वपूर्ण है।

मधुर एवं संयमित वाणी

आपके श्रेष्ठ व्यक्तित्व को व्यक्त करती है।

बहुत-से छात्रों की आदत बात-बात में अश्लील भाषा व व्यंग्यात्मक शैली का उपयोग करने की होती है। इस तरह की भाषा का प्रयोग, उनके व्यक्तित्त्व के हल्केपन एवं घटियापन को व्यक्त करता है। इस तरह के व्यक्ति को जब कोई अन्य व्यक्ति सुनता है तो यही निष्कर्ष निकालता है कि कोई हल्के स्तर का व्यक्ति वार्तालाप कर रहा था। शिष्टाचार और सम्याचरण का तकाजा है कि आपसी वार्तालाप में हल्की भाषा, व्यंग्यात्मक भाषा, गालीयुक्त अश्लील भाषा का प्रयोग न किया जाए। जहाँ तक सम्भव हो, गला फाड़-फाड़ कर, चिल्लाकर भी बात करना असभ्यता का प्रतीक है। बहुत जोर-जोर से फूहड़ता से हँसना भी अशिष्ट व्यवहार व्यक्त करता है।

वार्तालाप करते समय अपनी-अपनी ही कहे जाना, दूसरों के सुझावों की अवहेलना करना, बिना जानकारी के किसी भी विषय पर बोलना, आपको उपहासास्पद बनाता है। जहाँ तक सम्भव हो, बात संक्षिप्त एवं अर्थपूर्ण कहने की आदत बनाएँ। वाक्पटुता का अर्थ वाचालता नहीं है। वाचालता एक दुर्गुण है। संक्षिप्त एवं सारयुक्त बात करना आपके श्रेष्ठ व्यक्तित्त्व को व्यक्त करता है। वाणी की मिठास, आपकी शालीनता की परिचायक है। कड़वा वचन अहंकार को व्यक्त करता है। अहंकार एवं कुसंस्कार से ग्रस्त व्यक्ति ही कटुवचन का प्रयोग करते हैं।

सत्यवक्ता एवं खरी कहने वाले के लिए, यह आवश्यक नहीं कि वह मानवोचित शिष्टाचार को भूलकर, असभ्य, उद्दण्ड एवं असामाजिक भाषा का प्रयोग करें। आवश्यक नहीं कि आप, दूसरों की हर बात से सहमत हों। मतभेद से लेकर असहमति एवं इन्कार की स्थिति भी हो सकती है। पर अपनी बात को कहते हुए, निम्न शिष्ट भाषा का प्रयोग किए जाने से आप 'बड़े' बनते हैं।

हमें बड़ा खेद है।

क्षमा कीजिए।

कितने भाग्यशाली होते यदि हम आपके लिए कुछ कर सकते।

कटुवचनों के प्रयोग से, दूसरे व्यक्ति के स्वाभिमान को अनुपयुक्त चोट पहुँचती है। ऐसे वचन/भाषा का प्रयोग न करें जिससे सामने वाले का तिरस्कार हो। किसी को तिरस्कृत करके, उसे अपना शत्रु ही बनाया जा सकता है। कटुभाषी प्रायः किसी को सुधार या बदल नहीं पाते केवल अपने प्रति विद्वेष ही उपार्जित करते हैं। **'धन्यवाद', 'कृपया', शब्दों का प्रयोग करने की आदत डालनी चाहिए।**

यदि आप किसी की प्रशंसा नहीं करें तो चलेगा, लेकिन कटुवचनों, अपशब्दों से किसी का अपमान, तिरस्कार कभी न करें।

यह भी याद रखें

मधुर शब्दों में बताई गई भूल, सामने वाले को, अपने कृत्य पर शान्तिपूर्ण पुनर्विचार करने का अवसर देती है। वह उसे सुधार सकता है। जबकि कटुवचनों से चोट खाया व्यक्ति, अपनी भूल को समझने के बाद भी, उसी बात पर अड़ जाता है, उसे अपनी प्रतिष्ठा का प्रश्न बना लेता है।

सफलता हेतु जीवन में वार्तालाप की कुशलता बहुत आवश्यक है। वार्तालाप में कुशल व्यक्ति हर क्षेत्र में अपने मित्र खोज लेते हैं। वार्तालाप में 'छल-झूठ' कुछ समय ही चलता है, बाद में आपके लिए बहुत ही घातक हो जाता है। सफलता के लिए, सज्जनता, शिष्टता, मधुर वाणी बहुत महत्त्व रखती है।

Dream, Think, Act

My first vision for India is of freedom. It is this freedom that we must protect and nurture and build on. If we are not free, no one will respect us.

My second vision for India is development. It is time we see ourselves as a developed nation. Our achievements are being globally recognized today. Yet we lack the self-confidence to see ourselves a developed nation, self reliant and self assured, Isn't this incorrect?

I have a third vision. India must stand up to the world. Only strength respects strength. We must be strong not only as a military power but also as an economic power. Both must go hand-in-hand.

To realize this great dream, three types of people are needed-Punya Atma (Virtuous People), Punya Neta (Virtuous Leaders) and Punya Adhikari (Virtuous Officers).

If the population of all the three increase in our society, then India would become the Jagadguru (world leader).

Thinking is growth. Non-thinking is the destruction of society. Only the vision of the nation can ignite young minds. The ignited mind is the powerful resource on the earth.

Dream, dream, dream. Think, think, think. And turn that thought into action, action, action.

A.P.J. Abdul Kalam

सफलता के सूत्र

- ☑ अपने लक्ष्य को तय करें।
- ☑ लक्ष्य को प्राप्त करने हेतु पूर्ण ईमानदारी, कड़ी मेहनत व लगन से संकल्पबद्ध होकर प्रयास करें।
- ☑ अपनी सोच सकारात्मक रखें।
- ☑ लक्ष्य संधारण में आने वाली बाधाओं से घबराएँ नहीं, उनका समाधान करें।
- ☑ अपने 'ज्ञान' में लगातार वृद्धि करते रहें।
- ☑ सफलता के बारे में सोचें, अपने द्वारा किए जा रहे प्रयासों की समीक्षा करते रहें, उनमें कुछ और सुधार हो सकता है तो करते रहें।
- ☑ अपनी पूरी क्षमता, योग्यता का उपयोग, पूर्ण आत्मविश्वास के साथ करें। लक्ष्य से डिगें नहीं।
- ☑ बीच-बीच में अटकें, ठहरें नहीं। आत्मविश्वास को डिगने नहीं दें। क्रियाशील, जीवन्त एवं जाग्रत बनकर आगे बढ़ते रहें।
- ☑ अनुशासित रहें, इधर-उधर फिसलें नहीं, नकारात्मक सोच के व्यक्तियों से दूर रहें।
- ☑ ईश्वर एवं सत्कर्मों पर आस्था रखें।

अच्छे अंक आना ही सफलता का मानदण्ड नहीं

भारत के सुप्रीम कोर्ट के चीफ जस्टिस वाई. के. सब्बरवाल ने बड़े पुरजोर शब्दों में इस बात को रखा (*जब वे पंजाब यूनिवर्सिटी के 55 वें दीक्षान्त समारोह में भाषण दे रहे थे*) कि **मार्कशीट किसी की योग्यता मापने का अकेला पैमाना नहीं है।**

- **महात्मा गाँधी एवं जवाहरलाल नेहरू** का स्कूली पढ़ाई का रिकॉर्ड भी तो कोई खास नहीं था, फिर भी वे न केवल हमारे देश बल्कि दुनिया के महान् नेताओं में शुमार किए गए।

- **भारत के सफलतम उद्योगपति–धीरुभाई अम्बानी** मात्र दसवीं कक्षा तक ही पढ़े थे।

- **प्रथम अंग्रेजी शब्दकोश के लेखक–सैमुअल जॉनसन** को गरीबी के कारण कॉलेज की पढ़ाई छोड़नी पड़ी। लेकिन आज वे अंग्रेजी साहित्य में महत्त्वपूर्ण स्थान रखते हैं।

- **पहेली के कहानीकार–विजयदान देथा,** हाई स्कूल से पोस्ट ग्रेजुएशन तक हमेशा थर्ड क्लास रहे, लेकिन चोटी के लेखकों में गिने जाते हैं। फिल्म 'पहेली' उनके उपन्यास 'दुविधा' पर आधारित है।

- **'निरमा' के चेयरमैन–करसन भाई पटेल** पढ़ाई में कभी अव्वल नहीं रहे आज दुनिया के सफल उद्योगपतियों में उनका नाम है।

- **सुप्रसिद्ध गजल गायक जगजीत सिंह** ने ग्रेजुएशन थर्ड क्लास से पास की। फिर भी गजल गायकी को नया मुकाम दिया।

- ओलम्पिक में निशानेबाजी का रजत पदक जीतने वाले **लेफ्टिनेन्ट कर्नल राज्यवर्द्धन राठौड़** ने कभी पढ़ाई में टॉप नहीं किया। निशानेबाजी का रजत पदक जीत कर देश का नाम दुनिया में रोशन किया।

जीवन में इम्तिहान के बहुतेरे मौके आएँगे जिनका आपको पूरे जोशो-खरोश और साहस से सामना करना होगा। यदि आपने ईमानदारी से काम किया और खुद में भरोसा रखा तो आप ऐसे इम्तिहान में यकीनन सफल होंगे। आप मेरी बात पर यकीन करें और जीवन के इम्तिहान में सफलता हासिल करें।

चीफ जस्टिस ने अपनी बात के समर्थन में विख्यात इतिहासकार अर्नल्ड टायनबी के एक कथन का उल्लेख किया कि ''ज्यादा नम्बर लाने भर से कोई व्यक्ति सफल नहीं बन जाता।'' उन्होंने कहा कि महज 20-21 साल की उम्र के किसी व्यक्ति को पहले या तीसरे दर्जे का करार देना सरासर बेवकूफी और अन्यायपूर्ण है।

कुछ लोग धीमी शुरुआत करके जीवन के बाद के दौर में सफल होते हैं जबकि कुछ बहुत अच्छी शुरुआत करके भी बाद में फिसड्डी रह जाते हैं।

आत्महत्या क्यों?

बोर्ड या किसी अन्य परीक्षा के नतीजों में शानदार प्रतिशत का आना सुनहरे भविष्य और प्रतिष्ठा की बात है। फिर अभिभावकों के मान-सम्मान का भी तो प्रश्न है। खुद अपने आप से कैसे नजरें मिलाएँगे? दोस्तों के बीच कैसी किरकिरी हो जाएगी? लोग क्या कहेंगे?.... विभिन्न परीक्षाओं के दौरान विद्यार्थी ऐसे अनेक विचारों से जूझता रहता है। जाहिर है जब छात्र कामयाब नहीं होते। और सब सुरक्षित घर भी नहीं लौटते।

कौन लेता है इन युवाओं की बलि? कौन उकसाता है इन बच्चों को आत्महत्या करने को? अभिभावक, स्कूल, पियर प्रेशर या सफलता, ज्ञान व बुद्धिमत्ता का हमारा मापदण्ड?

परीक्षा के नतीजों के बाद अखबार में निम्न समाचार प्रायः दिखाई देते हैं–

- एक छात्र ने दसवीं की परीक्षा में फेल होने पर अपने पिता की बन्दूक से स्वयं को गोली मार ली।
- एक छात्र बारहवीं का परीक्षाफल देखने गया था और घर नहीं लौटा।
- एक छात्रा बारहवीं की परीक्षा में प्रथम श्रेणी से पास नहीं हुई, तो उसने कीटनाशक दवा खाकर जान दे दी।
- एक छात्र ने बारहवीं की बोर्ड परीक्षा में इंग्लिश का पेपर बिगड़ जाने के बाद फाँसी लगा ली।

परीक्षा हमारे शब्दकोश में एक नकारात्मक शब्द बन गया है। ज्ञान के आकलन के बजाए यह प्रतिशत के आधार पर खड़ा दिखाई देता है। हर साल बोर्ड परीक्षाओं के दौरान और नतीजों के बाद कई छात्र आत्महत्या कर लेते हैं, क्यों?

इस प्रतिस्पर्द्धा के दौर में हर छात्र बहुत मेहनत करता है एवं बहुत-से छात्र स्वयं को मैरिट में लाने हेतु जी-जान झोंक देते हैं। पिछले कुछ समय से यह चलन भी बढ़ा है कि प्रमुख परीक्षाओं (दसवीं-बारहवीं) के नतीजे टीवी पर खबर बनते हैं। सफलता के क्रम में ऊपर रहे बच्चों के इण्टरव्यू दिखाए जाते हैं। ऐसे में हर विद्यार्थी मन से सफलता के

अरमान संजोए रहता है। और सफलता भी कोरी नहीं बल्कि सफलता के क्रम में सर्वोच्च रहने का सपना। और जब यह सपना टूटता है, तो कई छात्र इसे जीवन का अन्तिम सच मानकर, मौत को गले लगा लेते हैं, बिना सोचे-विचारे अपने जीवन का अन्त कर लेते हैं।

छात्रों द्वारा की जा रही इस प्रकार की आत्महत्या के लिए न केवल अभिभावक बल्कि विद्यार्थियों के जीवन से जुड़े कई पहलू और अन्य लोग जिम्मेदार हैं।

अभिभावक समझें

एक जानी-मानी कैरियर काउंसल ने बताया कि अक्सर अभिभावक अपने बच्चों को सामाजिक दबाव के चलते डॉक्टर या इंजीनियर बनाना चाहते हैं। आधुनिक माता-पिता अपने बच्चों को स्कूल-कॉलेज में दाखिल कराते ही उनके भविष्य में उच्च पदों पर आसीन होने का ख्वाब पालना शुरू कर देते हैं; **जैसे स्कूल-कॉलेज शिक्षास्थल न होकर, डॉक्टर, इंजीनियर, कलेक्टर बनाने की फैक्ट्री हों।**

आँखों में अपने अरमानों, ख्वाबों की चमक समेटे माता-पिता की कैरियर बनाने के लिए शारीरिक, मानसिक एवं आर्थिक परेशानियाँ भी वहन करते हैं। ऐसे में अगर बच्चा परीक्षा में अच्छे अंक ना ला पाए या वह असफल हो जाए तो?

माता-पिता की बड़ी-बड़ी अपेक्षाओं, आकांक्षाओं का बोझ लादे ऐसे छात्र अपनी असफलता को सहन नहीं कर पाते और ऐसी कमजोर मानसिक स्थिति में आत्महत्या जैसा कायरतापूर्ण कार्य करना ही श्रेयस्कर समझते हैं।

मनोविशेषज्ञ इसके लिए छात्रों के आस-पास के वातावरण को भी बहुत हद तक जिम्मेदार मानते हैं, जिसमें अभिभावक सबसे अहम घटक हैं। अधिकांश माता-पिता अपने बेटे या बेटी को उनका मनचाहा विषय चुनने की आजादी नहीं देते हैं एवं उन्हें वही विषय दिलाते हैं जो अभिभावकों को स्वयं को अच्छा लगता है, चाहे बच्चा वह विषय पढ़ने का इच्छुक ही न हो।

अभिभावकगण अपने बच्चों द्वारा अच्छे अंक न ला जाने हेतु केवल उन्हें ही दोष देते हैं, एवं बच्चों की असफलता पर कभी पूर्ण मन से उन्हें ढाढ़स नहीं बंधाते हैं। बच्चा स्वयं

को बहुत अकेला एवं असहाय महसूस करता है। और ऐसी असहाय परिस्थिति में वह आत्महत्या करने को प्रेरित हो जाता है। मनोविशेषज्ञों की सलाह है कि बच्चों के असफल होने पर उनके साथ अभिभावकों को मित्रवत् व्यवहार करना चाहिए। हर बच्चा अपना पूर्ण प्रयास अच्छे से अच्छे अंक लाने के लिए करता है। मनोवैज्ञानिकों का यह भी कहना है कि बच्चों की उसके किसी साथी के नतीजों से तुलना करते हुए ऐसी टिप्पणियाँ न करें कि बच्चे की अपने दोस्तों और अपनी नजर में हीन छवि बने और निराशा उसे घेरने लगे। और इस पर गौर करें—**छात्र द्वारा किसी परीक्षा में प्राप्त प्रतिशत उसकी बुद्धिमत्ता का मापदण्ड नहीं हैं।** कुछ ही वर्षों बाद किसी की यह जानने में रुचि नहीं रहती कि वह किस स्कूल में पढ़ता था और किस परीक्षा में उसने कितने अंक प्राप्त किए थे।

टीचर्स समझें

कक्षा में सफलता के मापदण्ड बताते समय छात्रों की मन:स्थिति को भी समझें। ध्यान रखें कि जो छात्र परीक्षा में बहुत अच्छे अंक लाए हैं आवश्यक नहीं कि वे ही जीवन में सफल होंगे। अच्छे अंकों के आधार किसी को सफल एवं किसी को असफल करार देना बिल्कुल गलत है। टीचर्स को ध्यान रखना चाहिए कि आप द्वारा किसी अच्छे अंक प्राप्त करने वाले छात्र की प्रशंसा अन्य छात्रों में हीनता की भावना पैदा न करे। कम अंक प्राप्त करने वाले छात्रों को भविष्य में अच्छा प्रदर्शन करने हेतु प्रोत्साहित किया जाना चाहिए।

रिश्तेदार समझें

अधिकांशतया यह देखा जाता है कि रिश्तेदार एवं परिवार के मित्रगण बच्चों से डिनर टेबल पर उनके परीक्षाफल पर चर्चा करने का प्रयास करते हैं। बच्चों के बारे में जानकारी करने का यह एक स्वस्थ तरीका नहीं है। ऐसी स्थिति को अभिभावकों को सम्भालना चाहिए। बार-बार परीक्षा पर जोर देकर, सफलता का सबक नहीं पढ़ाया जाना चाहिए। अपने ही परिजनों के व्यंग्य का शिकार होने से बच्चों का मनोबल डगमगा सकता है।

विद्यार्थी गौर करें

यह सच है कि परीक्षा में प्राप्त कम या अधिक अंकों का सबसे अधिक प्रभाव आप पर ही पड़ता है लेकिन किसी भी परीक्षा में कम अंक आना या असफल हो जाने का अर्थ जीवन में असफल हो जाना नहीं है। आपका कर्तव्य है कि आप पूर्ण मन, लगन एवं निष्ठा से मेहनत करें। अपेक्षित सफलता न मिले तो कोई बात नहीं। जीवन में सफलता की बहुत-सी राहें हैं, हो सकता है आपको जीवन में किसी अन्य क्षेत्र में सफल होना हो। बहुत-से छात्र स्कूल-कॉलेज की शिक्षा में बहुत सफल नहीं होते लेकिन जीवन में सफलता की बुलन्दियों को छूते हैं एवं उन्हें सफलता का पर्याय माना जाता है। अत: निराश होने का कोई कारण नहीं।

हार न मानें

Learn from failures.
Fight back with double vigour.

प्रतिस्पर्द्धा एवं बढ़ती महत्त्वाकांक्षाओं के चलते आज छोटी-से-छोटी असफलता भी गहरा नकारात्मक प्रभाव डालती है। ऐसे में बच्चे अपनी असफलता को सहजता से स्वीकार नहीं कर पाते और उनका कोमल मन हिल जाता है। कई बार असफलता के सदमे से उनका सम्पूर्ण व्यक्तित्व ही बदल जाता है।

माता-पिता को चाहिए कि वे संवेदनशील, स्वस्थ एवं स्नेहिल माहौल के जरिए बच्चे को उसकी निराशा, शर्म, अपमान, हीनभावना एवं पीड़ा से उबरने में सहायता करें। साथ ही बच्चे से प्यार से बात कर, उसकी असफलता के कारणों का पता लगाएँ। कहाँ सुधार की आवश्यकता है, ये पता चल जाएगा। स्थिति की विवेचना करना सीख जाने से बच्चा आगे की पढ़ाई ही नहीं, जिन्दगी को नई व सही दिशा में शुरू कर पाएगा।

Failure

Failure doesn't mean...	It means...
You are failure.	You have not succeeded.
You accomplished nothing,	You have learned something.
You have been a fool.	You had a lot of faith.
You've been disgraced.	You were willing to try.
You don't have it.	You have to do something in a different way.
You are inferior.	You are not perfect.
You've wasted your life.	You have a reason to start afresh.
You should give up.	You must try harder.
You'll never make it.	It will take a little longer.
God has abandoned you.	God has a better way for you.

अभिभावकों हेतु दो शब्द

कच्ची उम्र, समय एवं परिवेश के आँवाँ पर पककर विकसित होती है; परिपक्व होती है। यह उम्र गीली मिट्टी के समान होती है, जिसमें किसी भी चीज से आसानी से खरोंच एवं छाप पड़ सकती है। अतः इसे ऐसी परिस्थितियों से बचाकर रखना आवश्यक है, जिससे कि गलत आदतों की आड़ी-टेढ़ी लकीरें खरोंच न लगा सकें। इसके लिए पारिवारिक परिवेश, परिवारजनों का व्यवहार बहुत महत्त्वपूर्ण भूमिका अदा करता है। अगर इनका स्वरूप सही दिशा की ओर एवं प्रेरणास्पद रहता है तो बच्चों में अच्छे संस्कार पनपने लगते हैं, परन्तु इनकी नकारात्मक प्रक्रियाओं से बच्चों में विभिन्न प्रकार की कुन्ठा एवं समस्याएँ उभरने लगती हैं।

बचपन तथा किशोरावस्था ऐसी अवस्थाएँ हैं जिनमें तीव्र शारीरिक एवं मानसिक परिवर्तन होते हैं। यह परिवर्तन सुकोमल संरक्षण और आत्मीयता की पुचकार की अपेक्षा करता है, जिसे देने में वर्तमान सामाजिक एवं शैक्षिक परिवेश असमर्थ हैं। उम्र के इस नाजुक मोड़ पर अभिभावकों के स्नेह एवं सहयोग की आवश्यकता होती है। अभिभावक बच्चों की इस कोमल मनोवृत्ति को भांप नहीं पाते हैं।

आधुनिक शैक्षणिक संस्थाओं में भी इनकी मानसिक एवं भावनात्मक बनावट और विकास के लिए कोई विशेष योजना नहीं है। शिक्षा से बुद्धि-लब्धि (IQ) में तो वृद्धि हो रही है, पर इस अनुपात में भावनात्मक विकास अधूरा एवं अछूता ही रहा है। परिणामत: बच्चों का समग्र विकास नहीं हो पाता है।

बच्चों को प्रताड़ित न करें

कई बच्चे, अपने साथियों से कम प्रतिभावान होते हैं। पढ़ाई में वे अपने साथियों से बराबरी नहीं कर पाते या अन्य क्षेत्रों में उनके साथ प्रतियोगिता नहीं कर पाते। अपने मित्रों/साथियों को स्वयं से अधिक योग्य पाकर एक तो वे वैसे ही हीन भावना का शिकार होते है, इस पर घर पर माँ-बाप से मिलने वाली प्रताड़ना, उन्हें और हतोत्साहित करती है। माँ-बाप, बात-बात पर उन्हें ताने देते देखे जाते हैं।

बच्चे ने कोई माँग रखी नहीं की बस माँ-बाप शुरू हो जाते हैं, उसके साथियों से उसकी तुलना करने लग जाते हैं एवं ऐसी व्यंग्यात्मक भाषा का प्रयोग करते हैं कि बच्चा स्वयं को आत्महीन समझने लगता है, एवं उस हीनता से उबरने की अपेक्षा ढीठ हो जाता है। धीरे-धीरे माँ-बाप की प्रताड़ना का उस पर कोई असर नहीं होता है।

माँ-बाप सोचते हैं कि प्रताड़ना देने से, बच्चा कुछ अच्छा करने की ओर प्रेरित होगा। माँ-बाप यह नहीं समझ पाते कि हर बच्चा चाहता है कि सब उसे अच्छा समझें। यदि उसके द्वारा मेहनत करने के बावजूद वह अपने साथियों से अच्छे अंक प्राप्त करने में असमर्थ रहता है तो उसके कई कारण हो सकते हैं। घर का वातावरण, माता-पिता का पढ़ाई का कम स्तर, उसके द्वारा पूर्व कक्षाओं में कम मेहनत करना इत्यादि। जो भी कारण हों, बच्चे की भर्त्सना करने की अपेक्षा उसे प्रोत्साहित करना, उसकी समस्या को समझकर सहानुभूतिपूर्वक उसे दूर करने का प्रयास करना ही अभिभावकों के लिए उचित होगा। बच्चे की कठिनाइयों/न्यूनताओं का पता लगाएँ एवं समस्याओं को सोच-समझकर हल करें, न कि तुरत-फुरत कोई रवैया अपनाकर।

स्वयं का आचरण सुधारें

प्राय: सभी अभिभावक चाहते हैं कि उनके बच्चे चरित्रवान, ईमानदार, संयमी एवं मेहनती बनें। इसके लिए वे उन्हें समय-समय पर समझाते भी रहते हैं, उपदेश भी करते हैं किन्तु सब बेकार चला जाता है।

> सात वर्षीय बालक को माँ पीटे जा रही थी। पड़ोस की महिला ने उसे बचाया। माँ कह रह रही थी कि यह मन्दिर में से चढ़ौति के आम एवं पैसे चुराकर लाया है। महिला ने पूछा–'' बेटे! तुम तो अच्छे बालक हो, चोरी तो गन्दे बच्चे करते हैं। तुमने ऐसा क्यों किया?'' बालक बोला–"माँ भी तो रोज ऊपर वाले चाचा जी के दूध में से आधा दूध निकालकर पानी मिला देती हैं और हमसे कहती हैं कि उन्हें बताना मत।''

जो आदर्श वे अपने बच्चों में देखना चाहते हैं, उसे वे अपने आचरण में चरितार्थ नहीं करते। **अभिभावक स्वयं अपना आचरण आदर्श बनाएँ और ऐसा कोई कृत्य न करें, जिसका बुरा प्रभाव बच्चों पर पड़े।**

बच्चों के निर्माण में घर का वातावरण, बहुत ही महत्त्वपूर्ण स्थान रखता है। जिन माता-पिता में परस्पर कलह, संघर्ष, मनोमालिन्य चलता रहता है, उनके बच्चे भी स्वभावतः द्वेषी, ईर्ष्यालु, गुस्सैल एवं कटुवादी हो जाते हैं। जिस परिवार में रिश्वत का पैसा खूब आता है, उस परिवार के बच्चे अपव्ययी, अहंकारी एवं असंस्कारी पाए जाते हैं। जिस प्रकार कोई बालक, शिक्षक से अक्षर ज्ञान प्राप्त करता है उसी प्रकार वह माता-पिता से स्वभाव एवं आदतें ग्रहण करता है।

> प्रेसिडेन्ट जॉन क्विन्सी एडम्स के बेटे ने पिता की डेस्क में से पत्र लिखने हेतु एक सरकारी कागज निकाला, तो प्रेसिडेन्ट महोदय बोले, ''ये कागज जहाँ से उठाया है वहीं रख दो। यह सरकारी कागज है; हमारा निजी कागज नहीं। मेरे निजी कागज डेस्क के दूसरी ओर पड़े हैं, वहाँ से ले लो। अपने निजी काम के लिए मैं उन्हीं में से प्रयोग में लाता हूँ।''

किशोरवय बच्चों को भटकने से बचाएँ

किशोरावस्था एक ऐसी आयु है जिसमें बच्चों को भूतकाल का कोई अनुभव नहीं होता, भविष्य में होने वाले परिणाम का सही निष्कर्ष निकाल सकने की योग्यता, समझदारी नहीं होती है। किशोरावस्था में उत्साह, सक्रियता, आत्मगौरव, जोखिम उठाने का, कुछ कर दिखाने का, स्वेच्छाचार का, स्वाभाविक मन होता है। **अनुशासन, नियन्त्रण उन्हें अत्याचार जैसा प्रतीत होता है।**

- बगीचे में फल जिन दिनों पकते हैं, उन दिनों उनकी चोरों, पक्षियों से रखवाली करनी आवश्यक होती है।

- चाशनी बनाते समय भी ऐसी ही सतर्कता अपेक्षित है, अन्यथा वह कच्ची रहने या जल जाने पर, उस पकवान का मजा ही बिगाड़ देती है जिस हेतु उसे पकाया गया है।

- दूध में जब उफान आता है, उस समय यदि उसका ध्यान न रखा जाए तो बर्तन का दूध चूल्हे में गिरकर आग बुझा सकता है, स्वयं जलकर बर्बाद हो सकता है।

अत: किशोरवय के बच्चों का अच्छी तरह ध्यान रखा जाना आवश्यक है। अभिभावकों को इस वय के बच्चों पर यह ध्यान रखना आवश्यक है कि उसकी चेष्टाएँ किस दिशा में अग्रसर हो रही हैं।

किशोरवय के बच्चों का घर से, वातावरण से लगाव घटता जाता है। स्कूल/कॉलेज के नए वातावरण में, नए-नए मित्र बनते हैं। उनके साथ बाहर खेलने घूमने जाने का मन करता है। देखा जाता है कि इसी समय 'कुसंग' पनपने लगता है।

'कुसंग' अनेक प्रकार की बुराइयों की जड़ है। बुराइयाँ छूत की तरह बढ़ती हैं। इस माहौल में किशोरों में ऐसी दुष्प्रवृत्तियाँ अधिक तेजी से उभरकर आती हैं जो उन्होंने अपने परिवार या मित्रों में देखी हैं।

अभिभावक, दुलारवश बच्चों पर विश्वास करते जाते हैं और भीतर-ही-भीतर सर्वनाश का बीजारोपण होकर, कब पेड़ बन जाता है, पता ही नहीं लगता।

अभिभावकों का यह परम दायित्व है कि वे अपने किशोरवय बच्चों पर कड़ी निगरानी रखें। अध्यापकों से जानकारी करते रहें कि कहीं अनौचित्य तो नहीं पनप रहा है। अच्छा यही है कि अभिभावक अपने किशोरवय के बच्चों में सद्प्रवृत्तियाँ उभारने के लिए स्वयं पूरा प्रयास करें। बहुत धैर्य से बच्चों को सुसंस्कारित बनाने का प्रयास करें।

बच्चों में आर्थिक अनुशासन लागू करें

आजकल माता-पिता एवं बच्चों में प्यार का पैमाना भी आर्थिक हो गया लगता है। देखा जाता है कि स्कूल/कॉलेजों में बहुत-से छात्र अपने माता-पिता की अच्छाई-बुराई की विवेचना आर्थिक आधार पर करते हैं।

जो छात्र ज्यादा-से-ज्यादा पैसा खर्च हेतु पाते हैं, वे तो बढ़-चढ़ कर अपने अभिभावकों की प्रशंसा करते हैं और जो छात्र इससे वंचित रहते हैं वे वास्तविक रूप से अच्छे होने के बावजूद अपने अभिभावकों की प्रशंसा करने में झिझकते हैं। अर्थजन्य प्यार के इस वातावरण में कई बार कमजोर आर्थिक आधार वाले अभिभावकों को अपनी सन्तानों के तिरस्कार का भी पात्र बनना पड़ जाता है।

याद रखें

यदि अभिभावक अपने बच्चों को बिना समझे-बूझे मनमाना पैसा खर्च करने को देते हैं तो वे न केवल उनके जीवन के साथ खिलवाड़ करते हैं, बल्कि परोक्ष रूप से समाज में व्याप्त विभिन्न बुराइयों को भी फैलने में मदद करते हैं।

हाथ में अनावश्यक पैसा आने से बच्चों की मनोवृत्तियाँ चंचल हो उठती हैं। उनका मन पढ़ाई की अपेक्षा, घूमने-फिरने, मौज-मस्ती की ओर दौड़ता है। स्वार्थी मित्रों से घिरे रहने के कारण वे दुर्व्यसनी हो सकते हैं। बच्चों की आवश्यकताओं हेतु पैसा देना, न केवल आवश्यक है बल्कि यह हर अभिभावक की जिम्मेदारी है। आप अपने बच्चों को पैसा अवश्य दें किन्तु एक निश्चित सीमा तक, पूर्ण जिम्मेदारी के साथ।

उसे 'हर बात पर पैसे' का आदी न बनाएँ। ना ही उसे बार-बार पैसा देकर पीछा छुड़ाने की कोशिश करें। यह बात मस्तिष्क से निकाल दें कि बच्चों को बहुत अधिक शानो-शौकत से रखना एवं खर्च के लिए अधिक-से-अधिक पैसा देना कोई सामाजिक प्रतिष्ठा की बात है।

बच्चा जब भी पैसे माँगे, प्यार से उसकी जरूरत की बाबत पूछिए, तब उसे न तो झिड़किए, न शर्मिन्दा कीजिए, वरन् उसे प्यार से समझाएँ कि देखो—तुम जिस चीज के लिए पैसा माँग रहे हो यह तुम्हें लक्ष्य से भटकाएगा एवं तुम जब स्वयं उसे गलत समझते हो तो फिर तो यह एक अपव्यय ही हुआ न। अधिकांश बच्चे, सकारात्मक

तरीके से समझाने पर स्वयं ऐसे अपव्यय से दूर हो जाते हैं। **गलत माँग को सख्ती से रोका जाना ही उचित है।**

जीवन निर्माण एक शिल्प है जिसका अच्छा-बुरा निर्माण बहुत कुछ आर्थिक नियन्त्रण पर निर्भर है। इस भावना से हर हालत में दूर रहें कि जो कुछ है या जो कुछ कमाते हैं, वह सब है तो बच्चों का ही, उन्हें खाने उड़ाने दो। आपकी यह असंस्कृत उदारता बच्चों के भविष्य के साथ खिलवाड़ है। आप 'स्लो पॉयजनिंग' द्वारा बच्चे के भविष्य को बर्बाद कर रहे हैं।

बच्चों को दण्डित न करें *मार्गदर्शक बनें*

कई बच्चे स्वभाव से बहुत क्रोधी, अहंकारी होते हैं। जब-तब यहाँ-वहाँ झगड़ा कर फसाद कर लेते हैं। इसका कारण क्या है, यह अपने परिवेश में ढूँढने का प्रयास करें। ऐसे बच्चों को मार-पीट कर दण्डित करने से परहेज करें। मार-पीट से बच्चा ढीठ हो सकता है।

ऐसे बच्चों को स्काउटिंग, एनसीसी आदि में प्रवेश लेने को प्रोत्साहित करें। उसे प्यार से उसके स्तर की बातें करके ही समझाएँ। अन्य किसी छात्र का उदाहरण देकर तिरस्कृत न करें। बड़े-बड़े लोगों के उदाहरण भी यहाँ काम नहीं आते हैं।

देखा जाता है कि जब बच्चे के पास कोई उचित काम नहीं होता है तो वह इस तरह का व्यवहार कर लेता है। ऐसे बच्चों को ड्राईंग बनाने, कोई अन्य चीज लकड़ी की, चाक की, बनाने की ओर प्रोत्साहित करें एवं उसके द्वारा किए प्रयासों की मन से सराहना करें। उसके द्वारा किए गए प्रयासों में सहयोग करें। आपका मार्गदर्शन उसे सही दिशा में प्रेरित कर सकता है। उसे मार-पीट कर कदापि दण्डित न करें।

बच्चों को आत्मनिर्भर बनने दें

देखा जाता है कि अधिकांश अभिभावक बच्चों का होमवर्क कराने हेतु उनके साथ लगे रहते हैं। बच्चे जब तक स्कूल का होमवर्क पूरा नहीं कर लेते तब तक उनका स्वयं का भी खाना-पीना हराम हो जाता है। ऐसा लगता है कि जैसे यह होमवर्क बच्चे का कार्य न होकर अभिभावकों का कार्य है। ऐसा करने से बच्चा हर कार्य के लिए अभिभावकों

पर आश्रित हो जाता है। वह जानता है कि मैं कुछ करूँ या न करूँ मम्मी यह काम कैसे भी पूरा करा देगी। **बच्चों की यह आश्रितता, उनमें आत्मनिर्भरता की भावना को नष्ट करती है।**

अभिभावकों का कहना है कि यदि हम होमवर्क नहीं कराएँगे तो बच्चा कक्षा में पीछे रह जाएगा, लेकिन अभिभावक यह नहीं समझ रहे हैं कि वे आश्रित होने की यह आदत डालकर उसे जीवन में पीछे रहने की नींव डाल रहे हैं।

बच्चे को जो भी होमवर्क मिले उसे पूर्ण करने हेतु उसे ही तैयार होने दें। एक दिन पूरा नहीं करेगा तो दूसरे दिए स्कूल में डाँट पड़ेगी। आप उससे कहें/पूछें कि आप अपना होमवर्क क्यों पूरा नहीं करते हो?

होमवर्क पूरा करने में कोई परेशानी आ रही है तो उसका समाधान करें लेकिन उसका होमवर्क पूरा करने हेतु उसे अपनी जिम्मेदारी समझने दें। बच्चे की पढ़ाई का नियमित टाइम-टेबल बनाएँ। खेल-कूद से भी उसे दूर न रखें। लेकिन पढ़ाई नियमित करता रहे, यह अवश्य ध्यान रखें।

उसकी कॉपियों की नियमित जाँच करते रहें। अध्यापकों द्वारा दिए गए रिमार्क्स पर ध्यान दें। बच्चों से पूछें। उन्हें आने वाली समस्याओं का समाधान करें, लेकिन उसे स्वयं पर (अभिभावकों पर) आश्रित न होने दें। परीक्षा के दिनों में बच्चे को लेकर बैठे नहीं। उसे स्वयं तैयारी करने दें। उसका सहयोग किया जाना चाहिए लेकिन उसकी परीक्षा हेतु आप तैयारी करें, ऐसा नहीं होना चाहिए। **आप उसकी कमजोरियों/कमियों को समझकर परीक्षा से पहले ही दूर करें। परीक्षा के दिनों में उसे स्वयं अपने आप तैयारी करने दें।**

बच्चों का आत्मविश्वास जगाएँ

जीवन में सफल होने के लिए आत्मविश्वास की पूँजी सबसे ज्यादा प्रभाव रखती है। किसी परीक्षा में कम अंक प्राप्त करने या असफल होने से न आप विचलित हों, न अपने बच्चे को विचलित होने दें। बहुत से अभिभावक बच्चे के असफल होने से उससे ज्यादा दुःखी निराश एवं हताश होते देखे जाते हैं।

कई अभिभावक बच्चों से ऐसी आशाएँ बांध लेते हैं कि जैसे उनके जीवन की सारी खुशियाँ और आशाएँ उसके अभीष्ट परीक्षा में पास होने पर निर्भर है। कई बार बच्चे के मन में ऐसी हीनता पैदा हो जाती है कि वे आत्महत्या तक कर बैठते हैं।

जीवन में सफलता कैसी भी महत्त्वपूर्ण परीक्षा में सफल होने या असफल होने पर निर्भर नहीं है। कई छात्र ऐसी असफलता के बाद जीवन के अन्य क्षेत्र में इतने सफल होते हैं कि आप कल्पना नहीं कर सकते हैं। **एक छात्र ने IIT में असफल होने के बाद प्रकाशन के क्षेत्र में कदम रखा और मात्र 5-6 वर्ष में उसके व्यवसाय का वार्षिक टर्नओवर करोड़ों में हो गया।** बहुत से बिना पढ़े लोगों ने जीवन में इतनी सफलताएँ हासिल की हैं कि वे आज अन्य सभी के लिए प्रेरणास्रोत बन गए हैं।

अभिभावक अपने बच्चों की मानसिक क्षमता (बुद्धिमत्ता) के सम्बन्ध में चिन्ता व्यक्त करते रहते हैं। उसे घटाकर बताते हैं। अधिक तीव्र बुद्धि वालों से उनकी तुलना करते हैं और प्रकारान्तर से वे अपने बच्चों को मानसिक स्थिति में हेय सिद्ध करते रहते हैं। यह भर्त्सना भले ही अपने बच्चों को अधिक बुद्धिमान होने की शुभकामना से प्रेरित होकर की गई हो, पर उसका तरीका ऐसा होता है कि जिससे बच्चों के कोमल मन पर निराशा का दबाव पड़ता है और वे वस्तुतः मूर्ख व प्रमादी बनते चले जाते हैं।

यह ध्यान रखा जाए कि यदि किसी की कमजोरी या बुराई को सचमुच ही दूर करना है तो उसके लिए भर्त्सना एवं तिरस्कार का तरीका न अपनाया जाए। वरन् कमी को साधारण एवं आसानी से दूर हो सकने वाला बताया जाए। अधिक चर्चा, बुराई या कमी की न की जाए वरन् उन उपायों के बारे में अधिक चर्चा की जाए जिन्हें अपनाने से उस कमी या बुराई से मुक्ति पाई जा सकती है। अभिभावकों का कर्त्तव्य है कि बच्चे में आत्मविश्वास जगाएँ। कैसी भी असफलता से उसका आत्मविश्वास न टूटने दें। उसे पुनः प्रयास करने हेतु प्रोत्साहित करें। **दृढ़संकल्प, कड़ी मेहनत, आत्मविश्वास से असम्भव को भी सम्भव किया जा सकता है।**

बच्चों को क्या खिलाएँ ?

इम्तिहान का समय अर्थात् तनाव का समय बच्चों के लिए भी, अभिभावकों के लिए भी। चूँकि पढ़ते समय कुछ-न-कुछ पीने खाने का मन करता है, इसलिए अभिभावक सोचते हैं कि बच्चों को ऐसा क्या खिलाएँ और बच्चे खुद यह जानना चाहते हैं कि वे ऐसा क्या खाएँ जिससे उन्हें नींद न आए, ऊर्जा मिले साथ ही स्मरण शक्ति अच्छी रहे।

कुछ वैज्ञानिक तथ्य

भोज्य पदार्थों में पाया जाने वाला कार्बोस शरीर में ग्लूकोस में परिवर्तित होकर मस्तिष्क को ऊर्जा प्रदान करता है। कार्बोस से कुछ ऐसे तत्त्व निकलते हैं, जो हमें आशावादी रखते हैं; जैसे शक्कर, मिठाई आदि। शक्कर खून में बहुत तेजी से ऊर्जा बढ़ाती है और उतनी ही तेजी से उपयोग होकर आपको फिर भूखा कर देती है। इस प्रक्रिया में कई बार चिड़चिड़ाहट भी हो जाती है।

दूसरी ओर अनाज, दाल, चना, मूँगफली आदि की ऊर्जा शरीर में धीरे-धीरे उपयोग होती है एवं देर तक भूख नहीं लगने देती। स्मरण शक्ति के लिए प्रोटीन भी आवश्यक है परन्तु याद रखें, प्रोटीन अपना काम सही प्रकार से तभी करता है, जब साथ में कार्बोस से पर्याप्त मात्रा में ऊर्जा मिलती है।

आइए! देखें हम क्या करें!

- समय बचाने के लिए दिन में दो बार अधिक मात्रा में खाना खाने से शरीर को भोजन पचाने के लिए अधिक काम करना पड़ेगा और आपको नींद आएगी।
- तली वस्तुएँ जैसे समोसे, मिक्सचर को पचाने के लिए भी शरीर को अधिक काम करना पड़ता है। ये आपको सुस्त बना देंगे।
- बाजार के आलू चिप्स, कोल्ड ड्रिंक्स पेट में जलन, गैस आदि पैदा कर सकते हैं और शारीरिक व्यायाम कम होने से ये और तकलीफदेह हो सकते हैं। इनमें मौजूद नमक की अधिकता शरीर के लवण सन्तुलन को बिगाड़ सकती है। इन चीजों से एकाग्रता कम होगी और चिड़चिड़ापन, थकान लगेगी।

तो क्या करें?

पढ़ते समय छात्रों को प्रोटीन, कार्बोस, विटामिन से भरपूर परन्तु कम वसायुक्त आहार लेना चाहिए। पढ़ते समय मुँह चलाने की इच्छा होती है तो मुरमुरे, पॉपकॉर्न, फलों के टुकड़े, भुनी चने की दाल, भुना चना, अंकुरित अनाज खाना चाहिए। अंकुरित मूँग, गेहूँ बहुत ही पोषक, शक्तिवर्धक तथा सुपाच्य होते हैं। वैसे तो अंकुरित अनाज, बिना कुछ उसमें मिलाए भी खाया जा सकता है लेकिन आप चाहें तो उसमें हल्का नमक, नींबू का प्रयोग कर सकते हैं।

पीने के लिए नारियल पानी, नींबू की सिकंजवी (मीठी या नमकीन), दूध से बना शेक, फलों का रस, जलजीरा, अच्छा बना शर्बत लेना ठीक रहता है। फलों के जूस एवं नींबू की सिकंजवी, मस्तिष्क को तरोताजा रखते हैं एवं शक्तिवर्धक होते हैं। दूध से बना 'छैना' भी बहुत सुपाच्य, रक्तवर्धक एवं शक्तिवर्धक होता है। छैने में थोड़ी बूरा मिलाकर परीक्षा के दिनों में बच्चों को देने से थकान कम महसूस होती है।

खाने के लिए खाने में बच्चों को चपाती के साथ, पुलाव, दही-रायता, दाल अवश्य देना चाहिए। ताजी हरी सब्जियों का प्रयोग करें। सलाद का भरपूर प्रयोग करें। इससे न केवल पाचन शक्ति ठीक रहती है, बल्कि बच्चों को भरपूर आवश्यक ऊर्जा भी मिलती है। रात को बच्चों को दूध भी अवश्य पिलाएँ। फलों का जितना उपयोग कर सकें, अवश्य करें। बाहर का खाना खाने से परहेज रखें तो ही ठीक रहेगा। परीक्षा के दिनों के आहार में सावधानी रखने से बीमार पड़ने की सम्भावना कम हो जाती है।

अभिभावक कोशिश करें जब भी बच्चे खाना खाए, तो वे उनके साथ बैठें। यदि बच्चा कमरे में ही अपना नाश्ता चाहता है, तो आप भी अपना चाय नाश्ता लेकर कुछ देर बाद वहीं चले जाएँ।

सफल व्यक्तित्व से सीखें

विश्वनाथन आनन्द

> *जब कभी मैं हारा या अपने प्रदर्शन से असन्तुष्ट हुआ तो निराश होने के बजाय मैंने इसे अपनी सीखने की शृंखला में महत्त्वपूर्ण स्थान दिया है।*

जीवन में लोगों के असफल होने का एक बड़ा और महत्त्वपूर्ण कारण यह है कि वे अधिकतर ठीक तरह से समझ नहीं पाते कि असल में वे कौन हैं और अपने जीवन में क्या बनना चाहते हैं। वे अपने लक्ष्य और महत्त्वाकांक्षाओं को स्पष्ट रूप से परिभाषित नहीं कर पाते। **'स्वयं को जानो'** ग्रीस के महान् दार्शनिक सुकरात हमेशा इस कथन में विश्वास रखते थे।

मेरे विचार से सीनियर सैकेण्डरी यानि कि सोलह-सत्रह वर्ष की उम्र तक आते-आते आपको इस बात का ठीक-ठाक अनुमान हो जाता है कि आप किस ओर बढ़ना चाहते हैं। यदि आप अपने बारे में और अपने काम के बारे में इससे पहले किसी निर्णय पर पहुँच चुके हैं तो और भी अच्छा है। लेकिन मेरे हिसाब से अपनी व्यक्तिगत दृष्टि और लक्ष्य को पहचानने का सही समय तब होता है, जब आप स्कूली शिक्षा पूरी करने के बाद अपने जीवन की सबसे कठिन यात्रा सही कैरियर चुनने की ओर बढ़ते हैं।

यह जानना महत्त्वपूर्ण है कि आप अपने लिए क्या भविष्य चाहते हैं। कोशिश करें कि यह आपका और सिर्फ आपका निर्णय हो। इस पर सोचने में समय बिताएँ कि आप असल में क्या करना चाहते हैं। जाँचिए कि आप में इस लक्ष्य को प्राप्त करने के लिए या फिर इस तक पहुँचने के लिए किस विशेषता को विकसित करने की क्षमता है। कोशिश करें कि परिवार और साथ के लोग आपके इस निर्णय में दबाव न बनाएँ। मैंने बहुत से युवाओं को असफलता की ओर जाते देखा है, सिर्फ इसलिए कि वे किसी अन्य के सपने को पूरा करने के लिए मेहनत में जुटे थे। परिवार और दोस्त अच्छे सलाहकार और गुरू हो सकते हैं, लेकिन जब कैरियर तय करने का सवाल हो तो खुद सोच विचार करें। **आखिर आपको आपसे बेहतर कौन जानता है?**

सबसे महत्त्वपूर्ण पाठ जो मैंने सीखा, वह है कि आप जो भी कर रहे हैं, उसे लेकर आनन्द और उत्साह महसूस करना जरूरी है न कि उससे ग्रस्त होना चाहिए। जब आप किसी चीज को आनन्दपूर्ण पाते हैं तो हमेशा उससे सीखना जारी रखते हैं और कभी उससे थकते नहीं।

मैंने हमेशा देखा है कि जो युवा अपने दिल के अनुसार चलते हैं वे अधिकतर उन लोगों से ज्यादा सफल होते हैं जिन पर विचार लादे जाते हैं। मामला प्रदर्शन बनाम झुकाव का भी है। आपको लग सकता है कि आप विज्ञान के विषयों में बेहतरीन हैं और मेडिकल क्षेत्र में कैरियर के लिए मुकम्मल हैं। लेकिन आपका दिल फोटोग्राफी में श्रेष्ठ होना चाहता है। ऐसी स्थिति में, मैं आपको फोटोग्राफी चुनने की सलाह दूँगा और कहूँगा कि इस क्षेत्र में प्रवीण होने के लिए आवश्यक साधन उपकरणों के साथ प्रवेश करें। इसलिए एक बार यदि आपको उस क्षितिज का अन्दाज हो जाए जिसे आप पाना चाहते हैं तो सही रास्ते पर चलने के लिए विभिन्न विकल्पों में से उसे चुनें। खिलाड़ियों के लिए वे लोग जो क्रिकेट खिलाड़ी, बैडमिन्टन या टेनिस सितारे, टेबिल टेनिस चैम्पियन, तैराक या फिर शतरंज के लिए खुद को बेहतर पाते हैं, वे जितना जल्दी हो सके अपनी विशेषता को पहचानें। लगभग उस समय से जब पहली बार उन्होंने खेल में आनन्द महसूस किया था। मैं सात वर्ष का था जब पहली बार महत्त्वपूर्ण शतरंज टूर्नामिन्ट खेलना शुरू किया था।

पार्थिव पटेल पन्द्रह वर्ष का था जब उसने अन्तर्राष्ट्रीय स्तर पर क्रिकेट टीम का प्रतिनिधित्व किया। इसी तरह सात वर्षीय विराट बाधवर अन्तर्राष्ट्रीय स्तर पर गोल्फ में प्रसिद्धि हासिल कर रहा है। शतरंज में भी कोनेरु हम्पी जैसे नाम हैं जिन्होंने बहुत कम उम्र में ग्राण्ड मास्टर का खिताब जीता है।

संघर्ष का दूसरा अवसर

मैंने हमेशा असफलता को महत्त्वपूर्ण माना है, क्योंकि यह मुझे सफलता का सुख बेहतर कराती है। इससे मेरी उपलब्धियाँ और मीठी व उन्हें हासिल करने के लिए की गई मेहनत और अधिक कारगर दिखाई देती है। असफलता असल में आपकी सफलता का दूसरा वेश है, इसलिए कभी भी इससे घबराएँ नहीं। ऐसे बहुत से लोग हैं जिनकी असफलता उनके लिए किसी महत्त्वपूर्ण रचनात्मक काम की शुरुआत सिद्ध हुई है।

निराश होने के बजाय असफलता को सीखने का अभ्यास बनाएँ ऐसा अभ्यास जो कि आपके द्वारा बार-बार दोहराई गलतियों को दर्शाए। मैं ऐसा ही करता हूँ। जब कभी मैं हारा, या अपने प्रदर्शन से असन्तुष्ट हुआ तो निराश होने के बजाय मैंने इसे अपनी सीखने की शृंखला में महत्त्वपूर्ण स्थान दिया है। मेरे लिए असफलता अपने खेल का विश्लेषण करने के लिए और उन क्षेत्रों पर ध्यान देने के लिए जहाँ कि अतिरिक्त मेहनत की जरूरत है, एक अवसर है।

उन सभी को, जो इस समय असफलता के दौर को अनुभव कर रहे हों, मेरी सलाह है कि वे अपने आपको दूसरा मौका दें **संघर्ष का दूसरा अवसर।** यह भी जरूरी है कि खुद को जरूरत से ज्यादा आलोचनात्मक होकर न देखें। अपने मजबूत बिन्दुओं का विश्लेषण करें और कमजोरियों पर जरूरत से ज्यादा जोर देने से बचें।

मैं जब कभी कोई खेल हार जाता हूँ तो खुद से कहता हूँ 'मैं नीचे हो सकता हूँ, लेकिन बाहर नहीं।' याद रखें, बड़ी-से-बड़ी असफलता समय के बीतने के साथ भर जाती है। जिस तरह शतरंज में, उसी तरह जीवन में भी। **एक गलत चाल का मतलब खेल का अन्त नहीं।**

आत्मसन्तुष्टि यानि सीढ़ी उतरना

सफलता से सम्बन्धित एक बड़ा खतरा जो अक्सर लगातार प्राप्त सफलता के साथ आता है, वह है **आत्मसन्तुष्टि का भाव।** जब चीजें सही चल रही हों तो सबसे आसान होता है सफलता के आभामण्डल में आराम से बैठ जाना। जबकि मूलमन्त्र है कि **किसी भी चीज को अपनी धरोहर नहीं मानना चाहिए, चाहे वह सफलता ही क्यों न हो।**

यदि एक शतरंज खिलाड़ी अपने आप से खुश होकर कहता है "अहा ! मैं दुनियाभर में तीसरे स्थान का खिलाड़ी हूँ।'' इसका मतलब वह नीचे उतरने की राह पर है। आप सबके लिए मेरी सलाह है कि सफलता को अपनी धरोहर न समझें।

जरूरत से ज्यादा विश्वास भी नुकसानदायक है और इसके कारण कई बार मनुष्य फिसल भी सकता है। यदि आप शिखर पर रहने के आदी हो गए हैं तो याद रखिए कि इसके आगे दूसरा कोई रास्ता नहीं सिवाय नीचे आने के, इसलिए अपने स्थान को बनाए रखने के लिए मेहनत बरकरार रखें।

यदि आप स्कूल में सर्वश्रेष्ठ हैं तो पीछे मुड़कर उन विद्यार्थियों पर नजर रखें जो आप तक पहुँचने के लिए मेहनत कर रहे हैं। यदि आप अपनी नौकरी/व्यवसाय में अच्छा कर रहे हैं तो हमेशा खुद को और बेहतर बनाते हुए, सीखते हुए, सीखने की प्रक्रिया जारी रखें। अपनी समस्याओं को लेकर आराम करना स्पष्ट तौर पर हानिकारक है। विजय प्राप्ति के बाद काम की गति धीमी कर देना, मेहनत में ढील करना या फिर काम के दबाव को कम महसूस करना, नीचे की ओर जाने की शुरुआत हो सकती है जिससे वापस लौटना मुश्किल हो सकता है।

इसलिए अपने दिमाग से आत्मसन्तुष्टि का भाव हटाकर लगातार आगे की ओर बढ़ते रहने पर प्रतिबद्ध रहें। अपने काम से सन्तुष्ट हो जाने से आप खुद को सुधारने और बेहतर प्रदर्शन के अवसर से वंचित रह सकते हैं।

याद रखें

आत्मसन्तुष्टि नए विचार और परिवर्तन को **नष्ट** करती है।

डेल कारनेगी *पशु चराने वाले की शिखर पर पहुँचने की कहानी*

सुप्रसिद्ध प्रेरक लेखक डेल कारनेगी का जन्म वर्ष 1888 में एक गरीब परिवार में हुआ था। गरीबी के कारण उन्हें बचपन से ही काम करना पड़ा। मात्र पाँच सेन्ट प्रति घण्टे के हिसाब से 'कारनेगी' ने स्ट्राबेरी चुनने एवं पशु चराने का कार्य किया।

उन्होंने आर्मर एण्ड कम्पनी में सेल्समैन की नौकरी की। साबुन इत्यादि बेचने का कार्य किया। कुछ पुस्तकें लिखीं लेकिन शुरू में कोई विशेष सफलता नहीं मिल सकी। **लेकिन हार मानना उनकी फितरत में नहीं था।** उन्होंने सार्वजनिक सम्भाषण, वैयक्तिक विकास हेतु कोर्स प्रारम्भ किया, जो बहुत सफल हुआ। इस सफलता से प्रेरित होकर उन्होंने इसी विषय पर पुस्तकें लिखीं। उनके द्वारा वर्ष 1936 में लिखी पुस्तक 'How to Win Friends and Influence People' बहुत प्रसिद्ध हुई। पुस्तक की एक करोड़ से अधिक प्रतियाँ बिक चुकी हैं। लोगों को 'सफल कैसे हों' यह बताने से उन्हें अभूतपूर्व प्रसिद्धि मिली। उनका महत्त्वपूर्ण कथन है

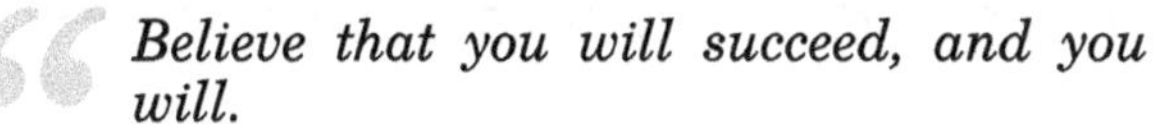

> *Believe that you will succeed, and you will.*

डेल कारनेगी द्वारा अन्य लिखी पुस्तकों में "How to Stop worrying and Start Living" तथा "Public Speaking and Influencing Men in Business" बहुत लोकप्रिय हुई हैं। डेल कारनेगी ऐसे प्रेरणास्पद लेखक हैं जो न केवल स्वयं जीवन में सफल हुए बल्कि उन्होंने दुनिया को भी जीवन में सफल होने के गुर सिखाए।

सैमुअल जॉनसन

पैसे की तंगी के कारण कॉलेज छोड़ना पड़ा, प्रथम अंग्रेजी शब्दकोश के प्रणेता बने।

सैमुअल जॉनसन का जन्म वर्ष 1709 में इंग्लैण्ड में हुआ। उनके पिता एक बुक सेलर थे। वर्ष 1728 में उन्होंने कॉलेज में तो दाखिला ले लिया लेकिन पैसे की तंगी के कारण उन्हें कॉलेज बीच में ही छोड़ना पड़ा। उन्होंने लेखक बनने की ठानी, लेकिन सफल नहीं हुए। फिर वे अन्य लोगों के लिए लेखन कार्य करते रहे। लोगों की जीवनी एवं पार्लियामेण्ट की डिबेट लिखकर जीवन यापन करते रहे।

वर्ष 1746 में उन्होंने अंग्रेजी शब्दकोश (English Dictionary) लिखने का तय किया जिसे नौ वर्ष की कठिन मेहनत से तैयार किया गया। वर्ष 1755 में प्रकाशित इस अंग्रेजी शब्दकोश को 'प्रथम अंग्रेजी शब्दकोश' माना जाता है। जॉनसन का अधिकांश जीवन गरीबी में ही व्यतीत हुआ। वर्ष 1762 में उन्हें जॉर्ज तृतीय द्वारा 30 पाउण्ड की पेन्शन मिलनी शुरू हुई। जॉनसन को आज अंग्रेजी साहित्य में महत्त्वपूर्ण स्थान प्राप्त है।

श्री करसनभाई पटेल *चेयरमैन एण्ड मैनेजिंग डायरेक्ट 'निरमा'*

एक किसान का बेटा अपना डिटरजेण्ट बनाने का उद्योग वर्ष 1969 में अपने घर के पिछवाड़े में मात्र 10 वर्ग फुट जगह पर शुरू करता है। स्वयं ही सोडा ऐश में अन्य रासायनिक पदार्थ मिलाकर, तेज गर्मी में स्वयं ही पैक करता है, घर-घर में बेचने के लिए निकल पड़ता है। शीघ्र ही उसका बनाया डिटरजेण्ट (जो वह मात्र तीन रुपए प्रति किलो के भाव से बेचता है) घरों में लोकप्रियता हासिल कर लेता है।

आज वह डिटरजेण्ट 'निरमा' के नाम से सारे देश में नाम कमा चुका है। आज उनकी फैक्टरी में 150 व्यक्ति काम करते हैं। लगभग ₹ 50 करोड़ का वार्षिक टर्नओवर है। यह व्यक्ति कोई और नहीं, सफलता के प्रतिबिम्ब—श्री करसनभाई पटेल हैं।

विज्ञान विषय से स्नातक श्री करसनभाई पटेल आज सफलता के पर्याय माने जाते हैं। सत्तर के दशक में, जब डिटरजेण्ट की शुरूआत ही हुई, एवं इस क्षेत्र में मल्टीनेशनल, हिन्दुस्तान लिवर के 'सर्फ' का बोलबाला था। 'निरमा' द्वारा बाजार में अपनी जगह बनाना एक चमत्कार से कम नहीं। निरमा ने चार P पर सफलता हासिल की।

> *Perfect Match of Product*
> *Price Value Based*
> *Place*
> *Promotion*

आज समस्त मैनेजमेण्ट स्कूलों में व्यावसायिक क्षेत्र में 'निरमा' की कहानी को एक महत्त्वपूर्ण सफलता के रूप से पढ़ाया जाता है, इस पर विस्तृत चर्चा की जाती है। करसनभाई पटेल की सूझबूझ एवं अथक कड़ी मेहनत द्वारा प्राप्त सफलता निश्चित ही सभी के लिए प्रेरणास्पद है, प्रेरणास्रोत है।

धीरूभाई अम्बानी ₹50 से ₹750 करोड़ का सफर

एक स्कूल अध्यापक के द्वितीय पुत्र धीरूभाई अम्बानी का जन्म गुजरात के चोरवाड़ गाँव में हुआ था। उन्होंने दसवीं के बाद पढ़ाई छोड़ दी एवं अपने बड़े भाई रमणीक लाल के पास एडेन (यमन) चले गए।

धीरूभाई ने वहाँ पेट्रोल पम्प पर नौकरी की। आठ वर्ष एडेन में बिताने के बाद, धीरूभाई मुम्बई आ गए। धीरूभाई ने मुम्बई में एक निम्न मध्यम स्तरीय परिवार की तरह अपनी जिन्दगी शुरू की। जब वो मुम्बई आए उस समय उनके पास मात्र ₹ 50 थे। उनका परिवार एक कमरे के पोर्शन में जयहिन्द एस्टेट भुलेश्वर में रहता था। वर्ष 1958 में उन्होंने एक छोटा-सा व्यवसाय शुरू किया, जिसमें वे मसाले एवं कपड़े इत्यादि बेचने का कार्य करते थे। आठ वर्ष तक यह कार्य करने के बाद धीरूभाई ने अपना पहला लक्ष्य हासिल किया, जब उन्होंने नारौदा (अहमदाबाद) में एक छोटी स्पीनिंग मिल खरीदी। बस उसके बाद उन्होंने कभी पीछे मुड़कर नहीं देखा। वर्ष 1977 में रिलायन्स इण्डस्ट्रीज का पहला सार्वजनिक निवेश (Public Issue) जारी हुआ और देखते-ही-देखते रिलायन्स का कारोबार ₹750 करोड़ तक पहुँच गया। वर्ष 2000 में अखबार के आँकड़ों के अनुसार रिलायन्स की पूँजी ₹ 300 करोड़ थी।

धीरूभाई अम्बानी को देश के राजनीतिक परिवर्तन से कई बार, समस्याओं का भी सामना करना पड़ा लेकिन वे हर परिस्थिति में आगे ही बढ़ते रहे। अपने शेयर धारकों को उन्होंने, 'रिलायन्स-परिवार' का नाम दिया एवं रिलायन्स का शेयर धारक, रिलायन्स की प्रगति के साथ-साथ, लाभान्वित हुआ।

> *धीरूभाई असाधारण दूरदृष्टि के इंसान थे। वह अपने लाभ के अवसरों को छीनने में और तोड़-मरोड़ने में विश्वास करते थे।*
>
> *अतीत, वर्तमान और भविष्य के सन्दर्भ में एक सामान्य तथ्य है–सम्बन्ध और विश्वास, और यही हमारे उन्नति का आधार है।*

उन्होंने वह उपलब्धियाँ हासिल की, जिनको अधिकतर लोग असम्भव समझ लेते हैं। उन्होंने कहा—

> *Meeting the deadline is not good enough, beating the deadlines is my expectation.*
> *He believed Don't give up courage is my conviction.*

डॉ. ए.पी.जे. अब्दुल कलाम *भारत के राष्ट्रपति (मिसाइलमैन)*

डॉ. अब्दुल कलाम का जन्म एक गरीब मध्यम वर्गीय परिवार में वर्ष 1931 में तमिलनाडु के रामेश्वर गाँव में हुआ। गरीबी की सभी कठिनाइयों एवं परेशानियों का सामना करते हुए, वे भारत के राष्ट्रपति के पद तक जा पहुँचे। भारत को मिसाइल टेक्नोलॉजी में विश्व-स्तर पर गौरव दिलाने का श्रेय डॉ. कलाम को ही जाता है।

एक सम्पूर्ण व्यक्तित्व के स्वामी डॉ. कलाम का ऐसा उदाहरण है जिसका कोई सानी नहीं। जब उन्हें भारत रत्न पुरस्कार से नवाजा गया तो उन्होंने कहा—

> *I couldn't have done it by myself. Behind me there were thousands of scientists. I only shaped the programme.*

भारत को सुपर पॉवर बनाने का स्वप्न देखने वाले डॉ. कलाम ने देशवासियों एवं अपने साथियों के लिए, दिया यह सन्देश, उनके, 'महानतम्' होने को व्यक्त करता है।

> *Dream, dream and dream. Turn the dream into thoughts and thoughts will transform into action.* **Dr. A.P.J. Abdul Kalam**

डॉ. कलाम हमेशा कहा करते हैं

> *We must think and act like a nation of a billion people and not like a nation of a million people.*

जीवन में असफलताओं का सामना डॉ. अब्दुल कलाम ने भी किया। एक बार वह हिन्दुस्तान एरोनॉटिकल लिमिटेड में नौकरी हेतु गए, तो उनका नम्बर नौवाँ था, जबकि रिक्तियाँ मात्र आठ ही थीं। वे काफी निराश हुए लेकिन हारना उन्होंने कभी नहीं सीखा। जॉन एफ. कैनेडी के डॉ. कलाम के सम्बन्ध में कहे निम्न शब्दों को देखें, जो वस्तुतः डॉ. कलाम द्वारा विश्व में अर्जित सम्मान को व्यक्त करने हेतु पर्याप्त हैं

> *If history teaches us anything, it is that man (Dr. Kalam), in his quest for knowledge and progress, is determined and cannot be deterred.*

डॉ. अमर्त्य सेन *नोबेल पुरस्कार विजेता*

डॉ. अमर्त्य सेन का जन्म वर्ष 1933 में पश्चिम बंगाल में शान्ति निकेतन में हुआ। जब वे 9 वर्ष के ही थे तो उन्होंने बंगाल में अकाल से होने वाली तबाही को देखा। अकाल की इस विभीषिका ने उनके मन पर गहरी छाप छोड़ी।

> *It touched me to find emaciated people arriving from nowhere and dying in thousands. It made me think about what causes famine.*

डॉ. सेन का जन्म किसी रईस परिवार में नहीं हुआ था। उन्होंने जो कुछ भी हासिल किया वह अपनी संकल्पशक्ति, गम्भीरता, निष्ठा, कड़ी मेहनत एवं लगन से ही हासिल किया। कलकत्ता से स्नातक करने के बाद वे कैम्ब्रिज (लन्दन) चले गए। फिर वे दिल्ली यूनीवर्सिटी में अर्थशास्त्र के प्रोफेसर रहे एवं विभागाध्यक्ष भी बने। प्रोफेसर सेन ने लगभग 20 किताबें एवं लेख लिखे हैं। इन्हें भारत रत्न से भी नवाजा गया है। इसके अलावा उन्हें विदेश में भी कई पुरस्कार मिले हैं। वर्ष 1998 में उन्हें अर्थशास्त्र में नोबेल पुरस्कार दिया गया। न्यूयॉर्क टाइम्स ने सम्पादकीय (Editorial) में डॉ. सेन के बारे में लिखा है

> *It is gratifying to see the prize given to a man who has dedicated himself to the issue of poverty and distribution of wealth-a question of supreme importance to far more people than was the work of last years witness.*

डॉ. सेन की सफलता का राज

> *He achieved everything with his untirinking work, devotional approach and dedicated efforts with a positive and iron will.*

लक्ष्मी निवास मित्तल *'स्टील किंग' दुनिया में सबसे अमीर भारतीय*

एल. एन. मित्तल का जन्म एक मारवाड़ी परिवार में 15 जून, 1950 को राजस्थान के एक गाँव में हुआ था। कलकत्ता के सेण्ट जेवियर कॉलेज से कॉमर्स में स्नातक परीक्षा पास करने वाले श्री मित्तल शुरू से ही मेहनती एवं आत्मविश्वास के धनी थे। पढ़ाई करते समय भी अपने पिता के व्यवसाय में हाथ बँटाते थे।

एल. एन. मित्तल ऐसे कर्मयोगी हैं जिन पर आज देश को गर्व है। विश्व के सबसे बड़े स्टील निर्माता, ब्रिटेन के सबसे अमीर व्यक्ति एवं दुनिया में सबसे अमीर भारतीय, श्री मित्तल ने अपनी सूझबूझ एवं दूरदर्शिता से आज यह मुकाम हासिल किया है।

दुनिया में जहाँ भी मिली वहाँ पर रुग्ण एवं बन्द स्टील की इकाइयों को खरीदकर उन्हें चालू हालत में लाकर व्यवसाय में लाभ कमाना न केवल अदम्य आत्मविश्वास, आत्मबल, सूझबूझ का प्रतीक है, बल्कि यह उनकी अनोखी दूरदर्शिता का भी द्योतक है, जो विरले ही लोगों में पाई जाती है। एक अखबार ने उन्हें 21वीं सदी के एण्ड्रयू कारनेगी की उपाधि निम्न शब्दों में दी है—

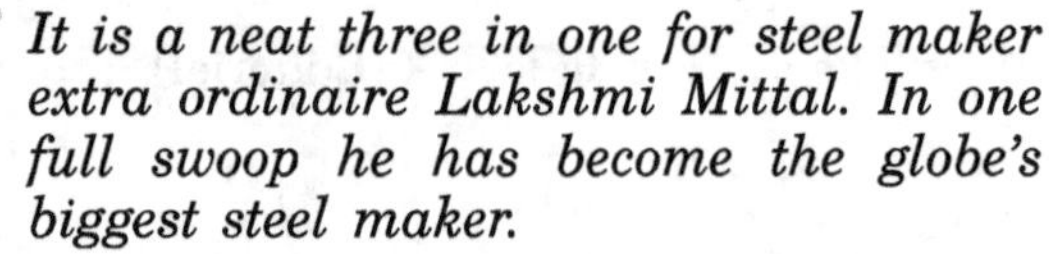

श्री मित्तल की सफलता, हर उस व्यक्ति के लिए एक प्रेरणा है जो जीवन में 'महानता' की बुलन्दियों को छूना चाहता है।

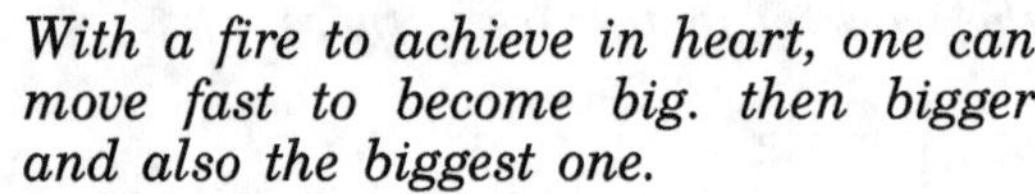

रोजर बैनिस्टर

वर्ष 1954 तक यह माना जाता था कि मानव एक मील की दौड़ चार मिनट से कम में नहीं लगा सकता। सारे धावक चार मिनट से ज्यादा का ही समय लेते थे। फिर वर्ष 1954 में रोजर बैनिस्टर ने 3 मिनट 59 सेकण्ड में यह दूरी तय कर डाली। हैरानी की बात तो यह थी कि उसी साल पूरी दुनिया में 32 अन्य लोगों ने यह काम कर डाला। तीन साल में ऐसे लोगों की संख्या 100 से ज्यादा हो गई और वैज्ञानिक सोचने पर मजबूर हो गए। दरअसल, इन सबके पास रोजर का नया सन्दर्भ था जिसने नया विश्वास दिया, जो नई भावना से प्रेरित हो, नई क्रिया का आधार बना और नए नतीजे सामने आए।

जब रोजर से पूछा कि उसने यह कैसे किया जबकि उसके पास तो कोई सन्दर्भ नहीं था, तो उसका कहना था मैंने हजारों बार कल्पना की कि मैंने यह दूरी 4 मिनट से कम समय में तय कर ली है। और यह फर्क है—**कामयाब और बेहद कामयाब लोगों में**। बेहद कामयाब वे होते हैं, जो अपने विश्वास को बिना किसी बाहरी सन्तोष के सुदृढ़ करते हैं और लक्ष्य को पूरी आस्था के साथ तय कर पाते हैं।

लांस आर्मस्ट्राँग

फ्रांस के साइकिल चैम्पियन लांस आर्मस्ट्राँग को कैंसर था। डॉक्टरों ने कहा, बचने की 40% उम्मीद है। वहीं लांस न सिर्फ कैंसर से जीते बल्कि फ्रांस की मशहूर साइकिल चैम्पियनशिप भी जीती। डॉक्टरों ने कहा वे ऐसा इसलिए कर पाए, क्योंकि उन्होंने दोनों मोर्चों पर विजय की बार-बार कल्पना की। इस बारम्बार कल्पना को विज्ञान की भाषा में **लैटेन्ट लर्निंग** कहते हैं।

लैटेन्ट लर्निंग का मतलब कॉमन सेन्स यानि सामान्य समझ को बाहर फेंकना नहीं है। इसका अर्थ है सही दिशा में कल्पना करना तथा अपनी मेहनत व विश्वास को क्रिया में तब्दील करना। परीक्षा के लक्ष्य को तय करें, तो शरीर व मन को उसी हिसाब से तैयार करें। ताकि जब परीक्षा देने बैठें, तो दिल की धड़कन भी उसी भावना के नियन्त्रण में रहे।

घनश्याम दास बिड़ला

घनश्याम दास बिड़ला का जन्म 10 अप्रैल, 1894 को पिलानी (राजस्थान) में एक प्रतिष्ठित घराने में हुआ था। **उनकी स्कूली शिक्षा मात्र पाँचवी कक्षा तक हुई।**

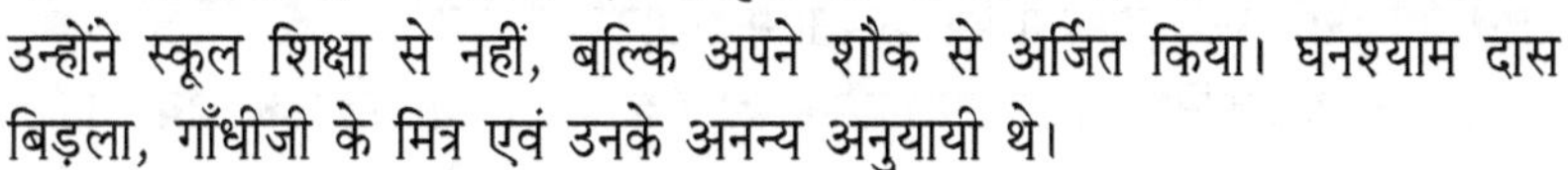

महान् व्यक्तियों की जीवनी एवं यात्रा वृत्तान्त पढ़ने का उन्हें शौक था। उन्हें इतिहास, अर्थशास्त्र एवं संस्कृत का भी ज्ञान था, जो उन्होंने स्कूल शिक्षा से नहीं, बल्कि अपने शौक से अर्जित किया। घनश्याम दास बिड़ला, गाँधीजी के मित्र एवं उनके अनन्य अनुयायी थे।

वे एक महान् उद्योगपति, स्वतन्त्रता सेनानी एवं मानव सेवा हेतु हमेशा तैयार रहने वाले व्यक्ति थे। उन्होंने अपने पिता के व्यवसाय से अलग जूट का कारोबार शुरू किया एवं अपनी क्षमता, योग्यता, प्रबन्धन कुशलता, सूझ-बूझ, आत्मबल एवं दूरदर्शिता से अपने जूट कारोबार को नई ऊँचाइयों तक पहुँचाया।

अंग्रेज एवं स्कॉटलैण्ड के व्यापारियों ने उन्हें असफल बनाने हेतु लगातार प्रयास किए। अंग्रेजों की सत्ता होने के बावजूद, सफलता की बुलन्दियों को छूना, उनकी दूरदर्शिता, सूझ-बूझ एवं बुद्धिमत्ता का परिचायक है।

उन्होंने देश में कई महत्त्वपूर्ण शैक्षिक संस्थान खोले जिनमें बिड़ला इन्स्टीट्यूट ऑफ टेक्नोलॉजी, पिलानी प्रमुख है। वर्ष 1931 में उन्हें अंग्रेज सरकार द्वारा 'नाइटहुड' प्रस्तावित किया गया, जिसे उन्होंने अस्वीकार कर दिया। वर्ष 1957 में उन्हें पद्म विभूषण से नवाजा गया। दृढ़ निश्चय, साहस एवं लगातार मेहनत करने की लगन श्री घनश्याम दास बिड़ला की सफलता के कारण समझे जाते हैं।

हेनरी फोर्ड

वर्ष 1863 में जन्मे हेनरी फोर्ड को बचपन से मशीनों एवं औजारों को ठीक करने में रुचि थी। 16 वर्ष की उम्र में ही उन्होंने घर छोड़कर एक कम्पनी में एप्रेण्टिस का काम शुरू कर दिया। धीरे-धीरे वे स्टीम इंजन सुधारने का काम करने लगे। फिर उन्होंने एक आरा मशीन लगाई एवं अपना जीवनयापन करने लगे। वर्ष 1891 में डेट्रायट में एक कम्पनी में इंजीनियर एवं वर्ष 1893 में चीफ इंजीनियर के पद पर पदोन्नत हुए। वर्ष 1896 में उन्हें एक स्वयं-चालित (Self-Propelled) व्हीकल (The Quadricycle) बनाने में कामयाबी मिली। चार पहियों की यह साइकिल, उनके द्वारा बनाई पहली स्व-चालित साइकिल थी।

कई बार असफलता का स्वाद चखने के बाद फोर्ड ने वर्ष 1903 में अपनी कम्पनी शुरू की एवं कार निर्माण का कार्य प्रारम्भ किया। फोर्ड का सपना था, एक ऐसी कार का निर्माण करना, जिसका उपयोग आम आदमी कर सके एवं जिसका उत्पादन बड़े पैमाने पर किया जा सके।

आज उनकी बनाई कारों पर दुनिया चलती है। कार को विश्वभर में लोकप्रिय बनाने का श्रेय हेनरी फोर्ड को ही जाता है। असफलताओं को सफलता में बदलकर, दृढ़ संकल्प, कड़ी मेहनत एवं आत्मविश्वास के बल पर अपने सपनों को साकार कैसे किया जा सकता है, यह हम हेनरी फोर्ड से सीख सकते हैं।

ई. शरत बाबू

इडली बेचकर ₹ 30 प्रतिदिन कमाने वाली माँ के पुत्र ने आईआईएम, अहमदाबाद से एमबीए पास किया–मोटी तनख्वाह ठुकराई।

54 वर्षीय परित्यक्ता पी. ई. दीपरमानी, चेन्नई की सड़कों पर घर की बनी इडली बेचकर ₹ 30 रोजाना कमाने वाली के पुत्र शरत ने अपनी कड़ी मेहनत, लगन, निष्ठा एवं आत्मविश्वास के बल पर आईआईएम, अहमदाबाद से 26 वर्ष की आयु में एमबीए पास कर, न केवल स्वयं को गौरवान्वित किया बल्कि अपनी माँ का चिरसंचित सपना भी पूरा किया। ई. शरत बाबू ने अपनी सारी उपलब्धियों का श्रेय अपनी माँ को दिया जो इडली बेचने मडीपक्कम से 12 किमी चलकर रोजाना चेन्नई आती है।

शरत ने बताया कि मैं जब इडली बेचता था तब सोचता था कि एक दिन मेरी कम्पनी होगी। शरत बाबू ने आईआईएम, अहमदाबाद के निदेशक बकुल ढोलकिया तथा इन्फोसिस के चेयरमैन द्वारा प्रस्तावित मोटी तनख्वाह की नौकरी ठुकरा दी। शरत बाबू का कहना है कि वह एक फूड चेन तैयार करना चाहता है, जिसमें 500 लोगों को रोजगार देने का लक्ष्य है।

धन्य है, शरत बाबू, धन्य उनका आत्मविश्वास, आत्मबल एवं धन्य उसकी माता दीपरमानी जिसने ऐसे पुत्र को जन्म दिया जो सभी युवाओं के लिए हमेशा एक प्रेरणास्रोत रहेगा।

> *जिसने ठाना कुछ करने को हर विघ्न दूर हो जाता है, आत्मबल की शक्ति से असम्भव भी सम्भव हो जाता है, बढ़ो आगे, चलो आगे, इस दुनिया को बदल दो तुम, घबराओ नहीं तुम विघ्नों से, शिखरों का मान बदल दो तुम।*

एन. आर. नारायणमूर्ति *इन्फोसिस के चेयरमैन*

वर्ष 1946 में जन्मे नारायणमूर्ति के पिता एक स्कूल अध्यापक थे। शुरू से ही मेधावी छात्र रहे नारायणमूर्ति ने इलैक्ट्रीकल इंजीनियरिंग की डिग्री मैसूर विश्वविद्यालय के पास की एवं बाद में IIT खड़गपुर से कम्प्यूटर साईंस की पढ़ाई पूरी की।

वर्ष 1981 में अपने छः अन्य साथियों के साथ, उन्होंने मात्र $ 250 की पूँजी से अपना व्यवसाय शुरू किया। इस व्यवसाय हेतु ₹ 100 उन्होंने अपनी पत्नी से उधार लिए (यह राशि उनकी पत्नी सुधा ने जैसे-तैसे, मूर्ति जी से छुपाकर बचा रखे थे)। वर्ष 1991 तक का दस वर्ष का समय काफी मेहनत एवं कठिनाइयों में बीता। नारायणमूर्ति अपनी पत्नी के साथ एक कमरे के मकान में रहते थे। वर्ष 1991 में उदारीकरण की शुरूआत के साथ, इन्फोसिस के दिन बदल गए।

इन्फोसिस प्रथम भारतीय कम्पनी है, जिसके शेयर NASDAQ में लिस्ट हुए। आज इन्फोसिस, दुनिया की सफलतम कम्पनियों में गिनी जाती है।

नारायणमूर्ति सरलता एवं सादगी के प्रतीक हैं। नारायणमूर्ति का सारा परिवार आज भी दिखावटी खर्चें का विरोधी है। नारायणमूर्ति के बच्चों को भी उनके द्वारा किए गए व्यय का हिसाब रखना आवश्यक है।

> *A true leader is one who leads by examples and sacrifice more than anyone else, in his or her pursuit of excellence.*
> *Honesty is the best policy and it pays immensely in your life.* — N.R. Narayanamurthy

आज भी नारायणमूर्ति की धर्मपत्नी 'सुधा' घर का सारा कार्य स्वयं करने में विश्वास रखती हैं एवं इस हेतु कोई 'बाई' (Maid) नहीं रखी हुई है। नारायणमूर्ति अपना कार्य स्वयं करने में विश्वास रखते हैं।

> *I don't have a maid at home, because I don't see the need for one. When children see both parents working hard, living a simple life, most of the time they tend to follow.* — Sudha Krishnamurthy

वर्ष में करोड़ों रुपयों का दान करने वाली कम्पनी इन्फोसिस के सृजनकर्ता यह दम्पत्ति सादगी, सरलता, सच्चरित्रता, कड़ी मेहनत से प्राप्त सफलता की ज्वलन्त मिसाल है।

सर आइजेक न्यूटन

महान वैज्ञानिक न्यूटन का जन्म वर्ष 1942 में लिंकनशायर में हुआ था। न्यूटन के जन्म के तीन माह पूर्व ही उनके पिता का देहान्त हो गया था। जब न्यूटन दो वर्ष के ही थे, तो उनकी माता उन्हें अपनी 'दादी' (grandmother) के पास छोड़कर अपने दूसरे पति के साथ चली गई थी।

न्यूटन की प्रारम्भिक शिक्षा एक गाँव के स्कूल में हुई। बाद में उन्होंने 'द किंग स्कूल इन ग्रैथम ' में प्रवेश लिया। लेकिन उनकी माता ने उन्हें स्कूल से हटा लिया। वह चाहती थी कि न्यूटन घर पर खेती-बाड़ी का कार्य देखे। लेकिन किंग स्कूल के अध्यापक के समझाने पर, न्यूटन को वापस स्कूल भेज दिया गया। स्कूल में न्यूटन की बुद्धिमत्ता एवं प्रतिभा से सभी प्रभावित हुए। उन्होंने स्कूल में टॉप किया। विभिन्न सामाजिक/आर्थिक/मानसिक परेशानियों के बावजूद न्यूटन ने दुनिया को ऐसे सिद्धान्तों से अवगत कराया जो आज भी सर्वमान्य हैं। उन्होंने दुनिया को गुरुत्वाकर्षण और गति के नियम दिए। कैलकुलस की उनकी खोज, वैज्ञानिक जगत् में बहुत महत्त्वपूर्ण साबित हुई। न्यूटन ने ईश्वर के अस्तित्व को हमेशा माना।

कार्ल मार्क्स

बेटे के कफन के लिए पैसे नहीं थे, लेकिन दुनिया को साम्यवाद दिया

कार्ल मार्क्स का जन्म् वर्ष 1818 में प्रूशिया में हुआ था। उनके पिता एक वकील थे। जब वे छः वर्ष के ही तो उनके पिता ने अपना यहूदी धर्म छोड़कर, ईसाई धर्म अपना लिया। उनके पिता उन्हें वकील बनाना चाहते थे। 17 वर्ष की उम्र में उन्होंने अपना पहला लेख 'Reflection of a Young Man on the Choice of a Profession' लिखा। कार्ल मार्क्स का सारा जीवन संघर्षपूर्ण रहा। उग्र विचारधारा, उग्र एवं क्रान्तिकारी लेख लिखने के कारण उन्हें जर्मनी, बेल्जियम एवं फ्रांस से निर्वासित कर दिया गया। उनके जीवन में पैसे का सदा अभाव रहा। उनके एक साल के पुत्र की मृत्यु होने पर, उनके पास उसके कफन के लिए भी पैसे नहीं थे। तमाम परेशानियों, कठिनाइयों के बावजूद, कार्ल मार्क्स अपनी विचारधारा एवं आस्था से नहीं डिगे। उन्होंने अर्थशास्त्र का अमर ग्रन्थ **'दास कैपिटल'** लिखा जिसने दुनिया को साम्यवाद की समझ दी। उनकी मृत्यु लन्दन में हुई।

चार्ल्स डिकेन्स

बारह वर्ष की उम्र में बूट पॉलिश फैक्ट्री में काम किया

चार्ल्स डिकेन्स का जन्म वर्ष 1812 में हैम्पशायर में हुआ। उनके पिता नेवी में क्लर्क थे। यद्यपि उन्हें ठीक तनख्वाह मिलती थी, लेकिन पैसों के मामले में उचित समझ न होने के कारण, हमेशा तंगी में रहते थे।

चार्ल्स डिकेन्स जब 12 वर्ष के ही थे, तो उन्हें लन्दन में एक बूट पॉलिश की फैक्ट्री में नौकरी पड़ी। वर्ष 1824 से 1827 तक उन्होंने वेलिंग्टन हाउस एकेडमी लन्दन में पढ़ाई की। फिर एक लॉ-ऑफिस में क्लर्क का काम किया। फिर एक शॉर्टहैण्ड रिपोर्टर बने। लिखने के शौकीन डिकेन्स, मॉर्निंग क्रॉनिकल में रिपोर्टर बने। वर्ष 1833 में उनका पहला लेख 'A Dinner at Poplar walk' छपा। इसके बाद उनके जीवन की रूपरेखा ही बदल गई। जीवन में सफलता की शुरूआत हो गई। धारावाहिक रूप में अखबारों में उपन्यास प्रकाशित करने की परम्परा चार्ल्स डिकेन्स ने ही शुरू की। वर्ष 1859 में उन्होंने एक साप्ताहिक 'ऑल द ईयर राउण्ड' की शुरूआत की। प्रसिद्ध उपन्यास 'डेविड कॉपरफील्ड' के रचनाकार चार्ल्स डिकेन्स ही हैं।

ग्राहम बेल *टेलीफोन के आविष्कारक*

ग्राहम बेल का जन्म वर्ष 1847 में हुआ। उनका प्रारम्भिक जीवन सामान्य था। वे बोस्टन यूनिवर्सिटी में बहरे (deaf) बच्चों को भाषा सिखाते थे। बधिर भाषा सिखाते समय उन्हें एक बधिर लड़की से प्रेम हो गया। वे एक ऐसी मशीन बनाना चाहते थे, जिससे उनकी प्रेमिका सुन सके। इस मशीन को बनाते समय उन्हें टेलीफोन बनाने का ख्याल आया और उसमें जुट गए। उन्होंने सोचा कि जिस तरह कान के पर्दे पर छोटी-सी झिल्ली कान की हड्डियों को हिलाती है, उसी तरह अगर लोहे की झिल्ली लोहे से बने ढाँचे को हिला सके तो टेलीफोन के माध्यम से शब्दों का आदान-प्रदान सम्भव है। बेल और उनके सहयोगी इसके आविष्कार में लगे रहे और अन्ततः सफल हुए। ग्राहम बेल ने टेलीफोन का आविष्कार किया।

माइकल फैराडे

माइकल फैराडे का जन्म वर्ष 1791 में हुआ। उनके पिता एक लोहार (Blacksmith) थे। गरीबी के कारण उनकी कोई स्कूली शिक्षा नहीं हुई। चौदह वर्ष की उम्र में वे एक बुक सेलर के यहाँ काम करने लगे। वहाँ पर वे साईंस की किताबें पढ़ते रहते थे तथा रॉयल इन्स्टीट्यूट में जाकर वैज्ञानिकों के भाषण सुना करते थे। वर्ष 1812 में जब वे 21 वर्ष के थे तो उन्होंने हम्फ्री डेवी (वैज्ञानिक) के यहाँ नौकरी हेतु आवेदन किया। उन्होंने अपने आवेदन में विज्ञान में स्वयं की रुचि के बारे में लिखा एवं विभिन्न लेखों के नोट्स भेजे। डेवी ने उन्हें सहायक के पद पर नौकरी दे दी। माइकल फैराडे, डेवी के आविष्कारों/खोजों में उनकी सहायता करने लगे।

कुछ ही वर्षों में उन्होंने स्वयं भी खोज करना शुरू कर दिया। वर्ष 1820 में उन्होंने कैमिस्ट्री पर अपने दो खोज-पत्र रॉयल सोसायटी को भेजे। फैराडे द्वारा की गई खोजों ने जल्दी ही उन्हें प्रसिद्धि दिला दी। डेवी को इससे कुछ नाराजगी हुई। डेवी के विरोध करने के बावजूद वर्ष 1824 में माइकल फैराडे को रॉयल सोसायटी में चुन लिया गया एवं वर्ष 1825 में उन्हें निदेशक बनाया गया।

एक लोहार का बेटा—नितान्त गरीब होने के बावजूद, बहुत-सी विपरीत परिस्थितियों से मुकाबला करते हुए, जीवन में सफलता के शिखर पर पहुँचा। फैराडे ने बैन्जीन की खोज की, गैसों को द्रव अवस्था में लाने की विधि खोजी। उन्होंने प्रथम बिजली का जनरेटर बनाया। माइकल फैराडे बहुत ही विनम्र व्यक्तित्व के धनी थे। वे आत्मविश्वास से भरपूर, स्वाभिमानी व्यक्ति थे। उन्होंने अनिच्छापूर्वक ही पेन्शन भी लेना स्वीकार किया। उन्होंने ऑनरेरी (Honorary) डिग्री लेना भी स्वीकार नहीं किया। **माइकल फैराडे का जीवन उन युवाओं के लिए प्रेरणा है जो गरीबी एवं अन्य परिस्थितियों को अपनी असफलता हेतु जिम्मेदार ठहराते हैं।**

स्टीफन किंग

स्टीफन किंग का जन्म वर्ष 1947 में पोर्टलैण्ड में हुआ। जब वह दो वर्ष के थे, तो उनके पिता उन्हें छोड़कर चले गए। उनका बचपन बहुत गरीबी की हालत में बीता। वर्ष 1996 में उन्हें ओ' हेनरी अवार्ड से नवाजा गया एवं वर्ष 2003 में उन्हें नेशनल बुक अवार्ड में लाइफटाइम एचीवमेन्ट अवार्ड भी दिया गया। खौफनाक उपन्यास के बादशाह स्टीफन किंग के पास कभी मकान के किराए के पैसे नहीं थे। वे ट्रालर में रहते थे।

एक दिन किंग को सिण्ड्रैला की तर्ज पर अलौकिक शक्तियों वाली एक लड़की की कहानी लिखने का विचार आया। कुछ पेज लिखने के बाद उन्हें लगा कि इस तरह का उपन्यास लोकप्रिय नहीं होगा उन्होंने उसे रद्दी की टोकरी में डाल दिया। पत्नी के प्रोत्साहन से उन्होंने उपन्यास पूरा किया। वर्ष 1973 में 'कैरी' नामक यह उपन्यास प्रकाशित हुआ और किंग को 40 डॉलर मिले। इसके पेपरबैक संस्करण की रिकॉर्ड तोड़ बिक्री ने उन्हें नई सफलता दिलाई। वे पहले लेखक थे जिनकी तीन पुस्तकें एक साथ न्यूयॉर्क टाइम्स की बेस्ट सेलर लिस्ट में थी। उनकी ढाई करोड़ से अधिक पुस्तकें बिक चुकी हैं।

जार्ज बर्नार्ड शॉ

जॉर्ज बर्नार्ड शॉ का जन्म वर्ष 1856 में डबलिन के एक गरीब परिवार में हुआ। उनके पिता नशे में धुत्त (Drunkard) रहते थे। अपने पिता की नशे की आदत से उन्हें घृणा थी, और बर्नार्ड शॉ ने कभी शराब एवं तम्बाकू को नहीं छुआ। जब उसके दोस्त मटरगश्ती कर रहे होते, तब वह कोई कहानी, कविता, नाटक और धार्मिक पुस्तकें पढ़ रहा होता। हर्बर्ट स्पेन्सर, स्टुअर्ट मिल और टिंडल की पुस्तकों ने उसे बहुत प्रभावित किया। फिर उसने बेकार किस्म के उपन्यास, कहानियाँ पढ़ना छोड़ दिया और रचनात्मक, निर्माणात्मक साहित्य ढूँढ-ढूँढकर पढ़ने लगा।आर्थिक तंगी की वजह से 16 साल की उम्र में क्लर्क का काम करना पड़ा। दस वर्षों तक वे गरीबी और कुण्ठा झेलते रहे। न तो उन्हें कोई स्थायी नौकरी मिली न ही लेखन में सफलता। उनके पिता का वर्ष 1885 में देहान्त हो गया।

बर्नार्ड शॉ एवं उनकी दो बहनें नौकरों के सहारे ही बड़े हुए। पिता के देहान्त के बाद उनकी माता बच्चों को नौकरों के सहारे छोड़कर म्यूजिक एवं सिंगिंग (Music and Singing) सीखने लन्दन चली गई थीं। पश्चिम में जन्म लेकर मांसाहार का कट्टर विरोधी यही बालक एक दिन जॉर्ज बर्नार्ड शॉ के नाम से दुनिया में विख्यात हुआ। उसने जब लेखनी उठाई तो संसार के सर्वश्रेष्ठ नाटककारों की श्रेणी में जा विराजा।

वर्ष 1879 से 1883 के बीच लिखे पाँच उपन्यासों के बावजूद, असफलता से निराश होकर शॉ नाटक लिखने लगे। शुरूआत में असफलता के बाद उन्होंने सुनियोजित तरीके से लेखन शुरू किया और अन्तत: उन्हें सफलता मिली। **नोबेल पुरस्कार से सम्मानित शॉ को शेक्सपीयर के बाद इंग्लैण्ड का महानतम नाटककार माना जाता है।**

अब्राहम लिंकन

अब्राहम लिंकन का जन्म 12 फरवरी, 1809 को एक गरीब परिवार  में हुआ। लिंकन के माता-पिता बिना पढ़े-लिखे किसान थे। उनकी औपचारिक शिक्षा मात्र 18 माह की हुई। वास्तविक रूप से उन्होंने स्वयं ही पढ़कर शिक्षा प्राप्त की। जहाँ से भी उन्हें किताब उपलब्ध हो सकती थी, वे लेकर पढ़ लिया करते थे।

उन्होंने लकड़हारे, सर्वेयर, गाँव के पोस्टमाटर का भी काम किया, व्यापार भी शुरू किया, मगर असफल रहे। बिजनेस में असफलता हाथ लगने के बाद भी उन्होंने कई चुनाव लड़े मगर सभी में असफलता हाथ लगी। इतनी सारी असफलताओं के बाद भी उन्होंने हिम्मत नहीं हारी और अन्तत: 51 साल की उम्र में वे अमेरिका के राष्ट्रपति बने।

अमेरिका के 16वें राष्ट्रपति लिंकन विश्व के सर्वाधिक लोकप्रिय नेताओं में गिने जाते हैं। उन्होंने अमेरिका को दास प्रथा से मुक्त किया और देश को विघटन से बचाया। अब्राहम लिंकन को अमेरिका के महानतम् राष्ट्रपतियों में गिना जाता है।

अब्राहम लिंकन का जीवन ऐसे संघर्ष की गाथा है जिसने बचपन से ही संघर्ष शुरू किया एवं अपने आत्मविश्वास, कड़ी मेहनत, ईमानदारी, आपसी सहयोग की भावना के कारण अमेरिका के प्रेसीडेन्ट पद तक पहुँचे।

बेन्जामिन फ्रेंकलिन

बेन्जामिन फ्रेंकलिन का जन्म वर्ष 1706 में बोस्टन में हुआ था। उनके पिता साबुन बनाने का व्यवसाय करते थे। उनके पिता उन्हें चर्च में क्लेर्गीमैन (Clergyman) बनाना चाहते थे। लेकिन इसके लिए पूरी स्कूली शिक्षा की आवश्यकता थी और उनके पिता उन्हें पूरी शिक्षा दिला पाने में आर्थिक रूप से असमर्थ थे।

12 वर्ष की उम्र में ही बेन्जामिन गलियों में सामान बेचा करते थे। पढ़ाई का उन्हें बहुत शौक था। जब वह 15 वर्ष के थे तो उनके भाई ने बोस्टन में प्रथम अखबार 'द न्यू इंग्लैण्ड कोरेन्ट' शुरू किया। वे अखबार में भी अपने लेख लिखना चाहते थे, लेकिन उन्हें मौका नहीं दिया गया। उन्होंने एक छद्म नाम से अखबार में लिखना शुरू किया। उन्हें बहुत प्रशंसा भी मिली लेकिन उनका भाई खुश नहीं था। उनके भाई को जेल होने के बाद बेन्जामिन उस अखबार को चलाते रहे। बेन्जामिन ने जीवन में बहुत उतार-चढ़ाव देखे। कितनी ही बार असफल हुए। उन्होंने प्रिंटिंग व्यवसाय शुरू किया। उसमें कई असफलताओं के बाद सफलता मिली। वर्ष 1749 में व्यवसाय से रिटायर होने के बाद, उन्होंने अपना ध्यान विज्ञान के प्रयोगों पर केन्द्रित किया।

बेन्जामिन फ्रेंकलिन ने स्विम फिन्स, ग्लास अर्मोनिका (एक वाद्य यन्त्र) बाईफोकल्स का आविष्कार किया। वर्ष 1750 में उन्होंने तड़ित चालक बनाया जिससे उन्हें सारे विश्व में प्रसिद्धि मिली। बेन्जामिन का जीवन, संघर्ष की एक अनूठी मिसाल है।

किंग कैम्प जिलेट

किंग जिलेट का जन्म वर्ष 1855 में एक छोटे से कस्बे में हुआ। उनके माता-पिता कुछ-न-कुछ 'नया काम' (Innovation) करते रहते थे। उनके पिता का हार्डवेयर का व्यवसाय था। वर्ष 1871 में जब वह सोलह वर्ष के थे तो आग से उनके पिता का सारा सामान जल गया और वे सड़क पर आ गए। उनका परिवार शिकागो से न्यूयॉर्क चला गया। 

जिलेट एक कम्पनी में सेल्समैन का कार्य करते थे। एक बार काम पर जाने के लिए वे शेव (Shave) बनाना चाहते थे, तो उन्होंने देखा कि उस्तरे में धार नहीं थी, धार लगाने का समय भी नहीं था एवं वह ऐसी स्थिति में भी नहीं था कि उस पर धार लगा सके। उनके दिमाग में एक विचार (idea) कौंधा कि कोई ऐसी ब्लेड (Blade) बनाई जाए जिसे प्रयोग कर फेंक दिया जाए एवं जिसमें धार इत्यादि लगाने की कोई झंझट नहीं हो।

इसके लिए उन्होंने मैसाचुसेट्स इन्स्टीट्यूट ऑफ टेक्नोलॉजी में सम्पर्क किया, वहाँ सभी ने ऐसी स्टील ब्लेड बनाने में अपनी असमर्थता जाहिर कर दी। लेकिन जिलेट इससे निराश नहीं हुए। वे सोचते रहते और एक दिन आया जब उन्होंने ऐसी रेजर का आविष्कार किया जिसमें ब्लेड बदली जा सके एवं हेण्डिल वही रहे।

उन्होंने अपनी कम्पनी बनाई एवं वर्ष 1990 में अपने आविष्कार को पेटेन्ट करा लिया। शुरू में इस रेजर की लागत उसकी बेचने की कीमत से अधिक आती थी। लेकिन उन्होंने हार नहीं मानी। वर्ष 1990 में वे मात्र 51 रेजर एवं 168 ब्लेड्स ही बेच सके। दूसरे वर्ष रेजर की बिक्री 90,884 एवं ब्लेड्स की बिक्री 1,23,648 थी। वर्ष 1998 में उन्होंने अपनी फैक्टरी लगाई एवं रेजर की बिक्री 4,500 तथा ब्लेड्स की बिक्री 70 मिलियन हुई। और फिर सफलता के नए-नए आयाम उन्होंने हासिल किए।

जिलेट के जीवन से हम निम्न प्रेरणा पाते हैं

Keep your eyes open for opportunities. Don't give up your idea. Good ideas come from common problems.

जे. के. रोलिंग

रोलिंग का जन्म वर्ष 1965 में एक सामान्य परिवार में इंग्लैण्ड में हुआ था। अपनी शिक्षा पूरी करने के बाद, रोलिंग ने पुर्तगाल में शुरू अंग्रेजी भाषा पढ़ाने की नौकरी की। तभी उसकी शादी पुर्तगाल के एक टेलीविजन जर्नलिस्ट से हुई। एक वर्ष बाद ही उनका तलाक हो गया। उनके एक पुत्री जेसिका ने जन्म लिया। वर्ष 1994 में उसने अपना पहला उपन्यास पूरा किया। वर्ष 1995 में उसने अपना दूसरा उपन्यास 'हैरी पोटर एण्ड द फिलॉस्फर्स स्टोन' पूरा किया। लेकिन कोई भी प्रकाशक उसके उपन्यास को छापने को तैयार नहीं हुआ। कई बार नकारे जाने के बाद, एक सम्पादक उनका उपन्यास छापने को तैयार हुआ। इसी बीच उन्हें स्कॉटिश आर्ट काउन्सिल से कुछ स्कॉलरशिप मिलनी शुरू हो गई जिससे वह अपना लेखन कार्य जारी रख सकी। अगले वर्ष, अमेरिका में उसके उपन्यास को छापने के अधिकार को लेकर नीलामी की गई जिसमें उसे एक लाख अमेरिकन डॉलर मिले।

जून, 1997 में उनका यह उपन्यास 'फिलॉस्फर्स स्टोन' प्रकाशित हुआ और उसे 'नैस्ले स्मार्टीज गोल्ड अवार्ड' में प्रथम पुरस्कार मिला। बाद में इस उपन्यास को 'ब्रिटिश बुक अवार्ड' मिला। वर्ष 1998 में अमेरिका में 'फिलॉस्फर्स स्टोन' उपन्यास, 'हैरी पोटर एण्ड द सॉर्सर्स स्टोन' के नाम से छापा गया। दिसम्बर, 1999 में हैरी पोटर सीरीज का तीसरा उपन्यास प्रकाशित हुआ। अब तक हैरी पोटर के छ: उपन्यास प्रकाशित हो चुके हैं। आज उनकी आय, ब्रिटेन की महारानी की आय से भी अधिक है। जीवन में जे.के. रोलिंग ने बहुत कष्ट उठाए लेकिन वह अपने लेखन कार्य को करती रही। कई बार मिली असफलताओं के बावजूद वह निराश नहीं हुई, हार नहीं मानी एवं आज उनके उपन्यास, सर्वाधिक बिक्री वाले उपन्यास हैं।

जॉर्ज वाशिंगटन 'कारवर'

'कारवर' का जन्म वर्ष 1860 में एक गुलाम परिवार में हुआ था। जन्म के साथ ही उसके पिता का देहान्त हो गया। उसका बचपन बहुत गरीबी की हालत में बीता। वह बगीचों में काम करता था। उसने पढ़ाई करने की ठानी लेकिन वह बहुत गरीब था। उसने स्वयं एक होल्डर बनाया एवं मात्र 1/4 इंच की पेंसिल लिखने के लिए प्रयोग में लेता था। वह पढ़ना चाहता था। 12 वर्ष की उम्र में उसने घर छोड़ दिया एवं एक 'काले' बच्चों के स्कूल में प्रवेश ले लिया, जहाँ मात्र एक अध्यापक 75 बच्चों को पढ़ाता था। वह काम भी करता एवं पढ़ता भी था। उसने एक कॉलेज में दाखिला लेने का प्रयास किया। कॉलेज ने उसकी प्रार्थना स्वीकार भी कर ली, लेकिन 'काला' (Black) होने के कारण उसे प्रवेश नहीं मिला।

येन-केन-प्रकारेण, जब वह 30 वर्ष का था तो उसे आईओडब्ल्यूए कॉलेज (अमेरिका) में प्रवेश मिला। जल्दी ही वह बॉटनी का सर्वश्रेष्ठ छात्र माना जाने लगा। अपने खर्च को वहन करने के लिए वह अपने साथियों के कपड़ों पर इस्त्री करता था, उनका खाना बना देता था एवं लिखने के लिए पुराने रैप पेपर्स का प्रयोग करता था।

'कारवर' का कहना था कि किसी भी चीज को व्यर्थ में न फेंको। हर चीज का पुनः उपयोग किया जा सकता है। एक दिन उसे 'अलबामा' के कॉलेज में पढ़ाने का निमन्त्रण मिला। थॉमस एडीसन ने उसे एक लाख डॉलर प्रतिवर्ष पर अपने साथ काम करने का प्रस्ताव भेजा, लेकिन उसने अस्वीकार कर दिया।

'कारवर' का मानना था कि वह 'अलबामा' में अधिक उपयोगी कार्य कर सकता है। जॉर्ज वाशिंगटन 'कारवर' ने लगभग 30 नई वस्तुओं का आविष्कार किया।

> *Money, stylish clothes and fine cars were not important to him. He thought, the truly successful person was the one, who had learned to serve others.*

डॉ. विजयपत सिंघानिया

आसमान छूने का जज्बा हो,
तो जमीन आपकी होती है

एक सफल व्यवसायी होने के साथ-साथ डॉ. विजयपत सिंघानिया ने एविएशन में दो विश्व रिकॉर्ड कायम किए हैं। हाल ही में हॉट एयर बैलून से 69,852 फीट की ऊँचाई का विश्व रिकॉर्ड रचने वाले डॉ. सिंघानिया वर्ष 1994 में आयोजित वर्ल्ड रेस में अपने सेना हवाई जहाज में बैठकर 340 किमी की यात्रा 24 दिन में पूरी कर गोल्ड मैडल जीत चुके हैं। 

डॉ. सिंघानिया को एविएशन क्षेत्र में प्राप्त उपलब्धियों के लिए तत्कालीन राष्ट्रपति आर. वेंकटरमन ने भारतीय वायु सेना में **एयर कमाण्डर** की रैंक देकर सम्मानित किया था।

वायु सेना की मिराज-20 लड़ाकू विमान वाली ग्वालियर स्थित 6 एयर स्क्वॉड्रन द्वारा **द बैटल एक्सस्क्वॉड्रन** में शामिल होने का सम्मान पाने वाले वे पहले और एकमात्र सिविलियन मेम्बर हैं।

तत्कालीन प्रधानमन्त्री अटल बिहारी वाजपेयी ने उन्हें **तेनजिंग नोर्गे नेशनल एडवेंचर अवॉर्ड** से और उपराष्ट्रपति भैरोसिंह शेखावत ने **छत्रपति शिवाजी महाराज स्मारक अवॉर्ड** से सम्मानित किया। भारतीय सिविल एविएशन के जनक के नाम से प्रसिद्ध जे.आर.डी. टाटा से वे वर्ष 1988 में माइक्रोलाइट हवाई जहाज की यात्रा करने से पहले मिलने गए थे। उन्होंने जे.आर.डी. टाटा से इस छोटे-से विमान से इंग्लैण्ड से भारत आने के साहस के बारे में बात की। पहले तो टाटा सोच में डूब गए और फिर एकदम से उछल कर उन्होंने कहा, **"कौन कहता है कि दुनिया में सिर्फ मैं ही पागल हूँ?"** डॉ. सिंघानिया ने फ्लाइंग के अलावा फिल्म जगत में भी शौक आजमाया उन्होंने 'वो तेरा नाम था' नाम की एक फिल्म का निर्माण भी किया। उन्होंने साबित किया

> *ऐसा नहीं है कि हम भारतीय हैं तो सिर्फ बैलगाड़ी ही चला सकते हैं और 'आसमान छूने का जज्बा हो तो जमीन आपकी होती है।'*

वे विजयपत सिंघानिया थे जिनका मन्त्र है—**साहस ही कामयाबी की शुरूआत है।** उम्र उन पर असर नहीं दिखाती, समृद्धि उन्हें नए जोखिम लेने से नहीं रोकती, रोमांच उन्हें खींचता है।

रिकॉर्ड तोड़कर मुझे विश्व को दिखाना था कि भारत भी साहसिक खेल और एविएशन में किसी से पीछे नहीं है। मुझे इस मिशन इम्पॉसिबल को मिशन पॉसिबल में बदल कर भारत को एविएशन के नक्शे पर रखना था। इससे पहले भी हॉट एयर बैलून में कुछ अलग करने की धुन सवार होने की वजह से इसे मैंने गम्भीरतापूर्वक सोचा और यह जोखिम उठा लिया। सफलता की कोई परिभाषा नहीं हो सकती। हरेक व्यक्ति की सफलता के बारे में अलग-अलग व्याख्या होती है। कोई लेखक एक किताब लिखकर खुश हो जाता है तो कोई पेण्टर पेण्टिंग बनाकर खुश होता है, चाहे वह पेण्टिंग बिके या न बिके। उसके लिए पेण्टिंग सृजन में मिली खुशी ही उसकी सफलता है।

सफलता को सिर्फ आर्थिक मापदण्ड से नहीं नापा जा सकता है। आप किसी चील को पाने के लिए खूब मेहनत करते हैं और आपकी मेहनत सफल हो जाती है, तो वह सफलता हासिल करना मान लिया जाता है। लेकिन ऐसा भी होता है कि कड़ी मेहनत के वाबजूद वह नहीं मिल पाती। ऐसे में उस मेहनत को नकारा नहीं जा सकता है। असफलता में सफलता हरेक के लिए सापेक्ष शब्द है। सन्तुष्टि उसका मूलभाव है।

जीवन के अनेक पहलू होते हैं। समाज, परिवार, कैरियर, फ्यूचर, संगीत, स्पोर्ट्स आदि में पैसा भी शामिल है। पैसा कमाना खराब नहीं। **लेकिन आप किस तरह पैसा कमा रहे हैं उसका महत्त्व है। आप मेहनत करके पैसा कमाएँ। गलत रास्ते या अपना ईमान बेचकर कमाया पैसा कभी भी खुशी नहीं देता।**

अलग-अलग क्षेत्र में रुचि विकसित कर उसमें आगे बढ़ने की कोशिश करनी चाहिए। अपने मनपसन्द क्षेत्र में सिद्धि हासिल करना ही सफलता है। उस तरह से सफलता नहीं मिलती तो किसी काम को करने से यदि आपको खुशी मिलती है तो वह भी आपकी सफलता है। **इसलिए सफलता सिर्फ पैसों से नहीं मिलती।**

मेरे मुताबिक नई और पुरानी पीढ़ी के बीच में अन्तर बढ़ता ही जा रहा है। उसके लिए आज का वैल्यू सिस्टम जिम्मेदार है। लोगों में ईमानदारी, प्रामाणिकता की व्याख्या ही बदल गई है। उनमें अनुशासन की कमी देखने को मिलती है। लोग मेहनत करने के बजाय शॉर्टकट रास्ता अपना रहे हैं। नई पीढ़ी को पुरानी पीढ़ी के अनुभवों का समन्वय

करना चाहिए और पुरानी पीढ़ी को आज की पीढ़ी की जरूरतों को समझदारी से स्वीकार करना चाहिए।

सबसे पहली बात जीवन में अनुशासन होना जरूरी है। आपका तन और मन दोनों ही स्वस्थ होने चाहिए। शरीर स्वस्थ होगा तो दिमाग भी तेज चलेगा। आहार, विहार और विचार में सन्तुलन रखना बहुत जरूरी है। आज के युवाओं को सीमित दायरे में नहीं सोचना चाहिए। जिस क्षेत्र में रुचि हो जैसे डॉक्टर बनने में, पेन्टिंग, स्विमिंग, म्यूजिक आदि, उसके बारे में ज्यादा-से-ज्यादा जानकारी हासिल करें। पैसा खत्म हो जाता है, लेकिन ज्ञान नहीं। यही ज्ञान आपको वापस पैसा भी ला देगा। जीवन सबसे जरूरी है। आप जो भी विषय चुनते हैं उसके बारे में दिल से महसूस करें। स्वस्थ मन से चुनौती को स्वीकार करें।

डोमिंगो फास्टिनो सारमिंटो *अर्जेण्टीना के उपराष्ट्रपति*

एक बालक को दस वर्ष की आयु में स्कूल जाना छुड़ा दिया गया, क्योंकि पिता गरीब था। प्रतिकूल परिस्थितियाँ होने पर भी वह कुछ-न-कुछ पढ़ने का अवसर निकाल लेता और प्रत्येक पढ़े हुए पर विचार किया करता और उन्नति के अनेक मनसूबे बनाया  करता। इस बालक की जीवनी से पता चलता है कि उसकी क्रियाशीलता व प्रतिभा विलक्षण थी। पुस्तकें पढ़ने का उस पर तुरन्त प्रभाव होता और वह प्रभाव उसके जीवन में कोई-न-कोई परिवर्तन ही लाने वाला होता। व्यापार में ईमानदारी, समाजसेवा और राजनीतिक धड़ेबाजी से संघर्ष करने की हिम्मत भी उसे ऐसे ही मिली, पर मुसीबत यह थी कि वह ज्यादा पढ़ा लिखा नहीं था।

एक दिन उसने पढ़ा कि फ्रैंकलिन को भी दस वर्ष की आयु में पढ़ाई छोड़नी पड़ी थी, पर उसने अपने अध्यवसाय से स्वतः ही दुनिया की पाँच भाषाएँ सीखीं और एक साथ वैज्ञानिक, दार्शनिक एवं राजनैतिक के रूप में विश्वविख्यात हुआ। यह पढ़कर उस युवक ने विचार किया कि **क्या वह दूसरा फ्रैंकलिन नहीं बन सकता?** बन सकता है, उसके मन ने कहा, अध्यवसाय से क्या सम्भव नहीं? वह उस दिन से पढ़ने लगा। अंग्रेजी, चिली, फ्रेंच आदि कई भाषाएँ उसने सीखीं और राजनीति में भाग लेने लगा। इस पर उसे देश-निकाला दे दिया गया, बहुत दिनों तक चिली में रहकर वह देश में चल रही स्वार्थवादी राजनीति के विरुद्ध संघर्ष करता रहा। उसने पत्रकार के रूप में अर्जेण्टीना के निवासियों को भ्रष्टाचार के विरुद्ध संगठित किया और एक दिन विद्रोह की ज्वाला फूट पड़ी।

वह युवक अपने देश लौटा और एक दिन अर्जेण्टीना का उपराष्ट्रपति बना। इस महत्त्वपूर्ण पद पर पहुँचकर भी उसने जनसेवा का मार्ग नहीं छोड़ा। उसने अर्जेण्टीना को साक्षर बनाने का अभियान चलाया और उसे इतना तीव्र किया कि आज अर्जेण्टीना विश्व के देशों में सबसे अधिक शिक्षित देश है। एक पुस्तक की प्रेरणा ने इस युवक को 'डोमिंगो फास्टिनो सारमिंटो' के नाम से विश्वविख्यात कर दिया।

एस. बी. फुल्लर *आशावाद से बड़ी कोई संजीवनी नहीं*

एस.बी. फुल्लर एक गरीब किसान का लड़का था। पिता की असामयिक मृत्यु ने इसकी निर्धनता को और भी विपन्न बना दिया था, किन्तु अमूल्य सम्पदा के रूप में उसे असाधारण माँ मिली थी, जो सकारात्मक चिन्तन की प्रतिमूर्ति थी।

श्रमनिष्ठा एवं प्रभुकृपा पर उसका अटूट विश्वास था। उसी की प्रेरणा से बालक फुल्लर ने कारोबार शुरू किया। उसकी ईमानदारी एवं लगन के कारण उसका यह व्यापार खूब फला-फूला और उसकी प्रामाणिकता की बदौलत लोगों से भी उसे बहुत प्रशंसा एवं सम्मान मिला। आशावाद का दामन थामे फुल्लर ने अब पीछे मुड़कर नहीं देखा। अब उसने स्वयं साबुन की फैक्टरी स्थापित की। क्रमश: लेबेल की कम्पनियाँ हौजरी और समाचार-पत्रों को भी अपने व्यवसाय का अंग बनाता गया और व्यापार के क्षेत्र में चरम शिखर पर प्रतिष्ठित हुआ।

डोरोथी डिक्स

प्रख्यात लेखिका डोरोथी डिक्स, भयंकर गरीबी एवं बीमारी की विषाद भरी सन्तापक स्थिति से गुजर चुकी हैं। उनका कहना है, **"मैं अभाव, संघर्ष, दुश्चिन्ता और नैराश्य के प्रभाव से भली-भाँति परिचित हूँ।"** किन्तु हिम्मत उसका अस्त्र रहा। जिस क्षण उसने आशावादी रुख का महत्त्व समझा, तभी से उसने रोना-धोना और भाग्य को कोसना छोड़ दिया तथा अपना स्वभाव विनोदी बना लिया, उम्मीदों के सहारे जीना सीख लिया। इस तरह वह कष्टों को झेलने का साहस बटोर सकी और निषेधात्मक चिन्तन के ध्वंसात्मक प्रभावों को दरकिनार कर सकी। इससे उत्पन्न रचनात्मक शक्ति ही उसके लेखन के माध्यम से प्रस्फुटित हुई और उसकी महान रचनाओं के सृजन का आधार बनी।

क्लेम लैबिन *बेसबॉल के प्रसिद्ध खिलाड़ी*

बेसबॉल के प्रसिद्ध खिलाड़ी क्लेम लैबिन की जीवन-गाथा भी आशा द्वारा निराशा पर विजय की एक प्रेरक मिसाल है। बचपन में प्रशिक्षण के दौरान लैबिन की दाएँ हाथ की तर्जनी अँगुली टूट गई। चिकित्सा के बाद अँगुली जुड़ तो गई, किन्तु टेढ़ी जुड़ी। उसके एक सफल खिलाड़ी बनने की सारी उम्मीदों पर जैसे पानी फिरता दिखाई दिया। निराश होकर उसने खेलना छोड़ दिया और हताशा के झूले में झूलता रहा, किन्तु उसके शुभचिन्तक प्रशिक्षक का प्रोत्साहन उसमें आशा का संचार करता रहा। **उसका वाक्य 'कई बार आशीर्वाद, विषमता का छद्मवेष धारण करके आता है' जैसे क्लेम के जीवन का गुरुमन्त्र बन गया।** उसने पुनः खेल का अभ्यास प्रारम्भ किया। अँगुली से उसने गेंद को ऐसा मोड़ देने का हुनर विकसित किया कि वह सफल खिलाड़ी बनने के अपने स्वप्न को साकार कर सके। इस तरह यह तभी सम्भव हो पाया जब क्लेम ने विषम स्थिति में भी कल्याण के भाव को देखा और निराशाजनक विचारों का त्याग करते हुए पूरी लगन और ईमानदारी के साथ अपने स्वप्नों को साकार रूप देने में जुट गया।

वीर शिवाजी, महाराजा रणजीत सिंह
अष्टावक्र, चाणक्य, सुकरात

वीर शिवाजी के बारे में यह प्रख्यात है कि युद्धभूमि में उनकी उपस्थिति मात्र से ही उनके सैनिकों में एक नया उत्साह भर जाता था। उन्हें लगता था कि मानो उनकी सहायता के लिए नई कुमुक आ पहुँची हो। शिवाजी ने अनेकों भयंकर युद्ध केवल इसी कारण जीत लिए थे कि वे पराजय अथवा उत्साहहीनता को जानते ही नहीं थे, पराजय का वे कभी नाम ही नहीं लेते थे। इस अपराजेय उत्साह का प्रादुर्भाव अदम्य आशावादी रुख से होता है।

इसी के बल पर **महाराजा रणजीत सिंह** *'अटक है ही नहीं'* का उद्घोष करते हुए, बाढ़ से उफनती नदी में घोड़े पर सवार होकर, सबसे आगे बढ़े थे। देखते-ही-देखते पूरी सेना में उत्साह और साहस की लहर दौड़ गई, जो अटक की बाढ़ से अधिक प्रबल थी।

संकट एवं मुसीबत की घड़ियों में भी समारात्मक नजरिया ही वह आधारभूमि है, जिसमें मस्ती एवं खुशमिजाज के प्रसून खिलते हैं, अन्यथा निराशावादी के लिए तो यह मरणान्त पीड़ा देने वाले क्षण ही सिद्ध होते हैं। इस तरह विकसित सकारात्मक मानसिक भाव के अन्तर्गत विश्वास, दृढ़ता, आशावादिता, उदारता, दयालुता, सहनशीलता जैसे सद्गुणों का समावेश रहता है। महामानवों का जीवन इनकी जीवन्त अभिव्यक्ति होता है। वे इसी के बल पर अपना मानसिक सन्तुलन बनाए रखते हैं और निराशा के भाव को पास फटकने नहीं देते।

अष्टावक्र आठ जगह से टेढ़े थे। **चाणक्य, सुकरात** आदि बहुत बदसूरत थे। हर कोई इनकी खिल्ली उड़ाता था। **राजा हरिश्चन्द्र, स्वामी विवेकानन्द, स्वामी रामतीर्थ, गाँधी जी, नेहरू, सुभाषचन्द्र बोस, चितरंजनदास, अरविन्द घोष** आदि जैसे सभी महापुरुषों का जीवन कितने कठिन दौर से गुजरा।

इनका जीवन परिस्थितियों के विषम प्रहारों से ओत-प्रोत रहा। उन्हें कितने विरोधों का सामना करना पड़ा, किन्तु चिर आशावाद की संजीवनी के बल पर वे सब आघातों को सहर्ष एवं धैर्यपूर्वक झेलते रहे। उनका अदम्य आशा उत्साह ही उनके साथी-सहचरों में नवप्राण का संचार करता था।

सानिया मिर्जा

छ: वर्ष की उम्र से टेनिस खेलने की शुरूआत करने वाली एक मुस्लिम लड़की सानिया को जब उनकी माता एक कोच के पास ट्रेनिंग हेतु लेकर गई तो उन्हें कोच ने यह कर शुरू में मना कर दिया कि वह इतनी छोटी-सी लड़की को कोचिंग नहीं देना चाहता। एक माह बाद इसी कोच ने, सानिया के बारे में कहा

> *He hadn't seen a player that good at such a young age.*

सानिया की घर की आर्थिक हालत भी बहुत अच्छी नहीं थी। कैरियर की शुरूआत में, किसी भी खेल में काफी खर्च करना पड़ता है। स्पोन्सरशिप के लिए काफी प्रयास करना पड़ा। सानिया बताती हैं कि जब वे जी. वी. के ग्रुप के चेयरमैन के पास स्पोन्सरशिप हेतु गईं तो उन्होंने सानिया को अपने साथ टेनिस खेलकर बताने को कहा। सानिया की खेल प्रतिभा से वे फिर इतने प्रभावित हुए कि उन्होंने उसे स्पोन्सर करना स्वीकार कर लिया।

सानिया, भारत की प्रथम महिला हैं जो विश्व में सिंगल्स में 31वीं रैंक तक पहुँच सकी हैं। 12 फरवरी, 2005 को वह भारत की प्रथम महिला बनीं जिसने ॐ सिंगल्स खिताब, उक्रेन की आलोन्या बोन्डारेन्को को हराकर जीता। सानिया ने गर्ल्स डबल की विम्बलडन चैम्पियनशिप भी जीती है। सानिया को अर्जुन अवॉर्ड तथा पद्मश्री अवॉर्ड से भी नवाजा गया है।

सानिया का लक्ष्य अभी विश्व की प्रथम टेनिस खिलाड़ियों में अपना नाम दर्ज करना है। आज सानिया दुनिया की सबसे चर्चित महिला हैं। सानिया की सफलता लगातार मेहनत, हार मानकर निराश नहीं होना, अपनी कमियों का परिमार्जन कर पूर्ण आत्मविश्वास से पुन: प्रयास का परिणाम है।

विन्स्टन चर्चिल *पढ़ाई में फिसड्डी, ब्रिटेन के प्रधानमन्त्री बने*

चर्चिल का जन्म ऑक्सफोर्डशायर में वर्ष 1874 में हुआ। उनका अधिकांश बचपन बोर्डिंग हाउस में ही बीता। 'हैरो स्कूल' (Harrow School) में प्रवेश परीक्षा में भी बहुत अच्छे अंक नहीं आए, उन्हें सबसे नीचे की रैंक में प्रवेश मिला। स्कूल में वे पढ़ाई में फिसड्डी रहे। इसके लिए उन्हें कई बार दण्ड भी मिला। लेकिन इतिहास व गणित में उनकी रुचि थी। उनके पिता उनसे कभी खुश नहीं थे।

20 वर्ष की उम्र में स्नातक पास करने के बाद, उन्होंने आर्मी ज्वॉइन की। वर्ष 1899 में उन्होंने आर्मी छोड़कर राजनीति में आने का निश्चय किया। लेकिन शुरू में असफल रहे। चर्चिल ने इंग्लैण्ड-बोअर युद्ध में, युद्ध पत्रकार की तरह काम किया और पकड़े गए एवं युद्ध कैदी की तरह उन्हें जेल में बन्द कर दिया। वहाँ से वे भाग छूटे, जिस पर काफी विवाद भी बाद में खड़ा हुआ।

उन्होंने पुन: पार्लियामेन्ट के चुनाव में भाग लिया एवं सफल हुए। द्वितीय विश्वयुद्ध के दौरान जब ब्रिटेन के प्रधानमन्त्री ने इस्तीफा दे दिया तब ब्रिटेन को एक साहसी, अनुभवी और सैन्य पृष्ठभूमि वाले प्रधानमन्त्री की जरूरत थी। विन्स्टन चर्चिल इस पर खरे उतरते थे। कई असफलताओं एवं विपरीत परिस्थितियों से जूझते हुए वह वर्ष 1940 में ब्रिटेन के प्रधानमन्त्री चुन लिए गए।

राजनीति के अलावा उनका साहित्य जगत में भी विशेष योगदान रहा। इतिहास, राजनीति और सैन्य अभियानों पर लिखी उनकी किताबों की वजह से उन्हें वर्ष 1953 में साहित्य का नोबेल पुरस्कार मिला। चर्चिल का नाम विश्व के महानतम राजनेताओं में गिना जाता है।

उनकी महानता उनके निम्न कथनों से परिलक्षित होती है।

> *One ought never turn one's back on a threatened danger and try to run away from it. If you do that, you will double the danger. But if you meet it promptly and without flinching you will reduce the danger by half.*
>
> *Success is the ability to go from one failure to another with no less enthusiasm.*
>
> *We make a living by what we get, We make a life by what we give.*

स्वामी रामतीर्थ और साधक

एक बार स्वामी रामतीर्थ जापान गए। वहाँ एक दिन उनकी भेंट एक वृद्ध से हुई। पता चला कि वे 75 वर्ष के हैं तथा जर्मन भाषा सीख रहे हैं। स्वामी जी उसके उत्साह को देखकर प्रभावित हुए और बोले,

"बाबा इस उम्र में जर्मन भाषा सीखकर आप क्या करेंगे?"

स्वामी जी के प्रश्न को सुनकर वह मुस्कराया और गम्भीर होकर बोला, ''स्वामी जी! **सीखने की कोई उम्र नहीं होती।** मैं प्राणीशास्त्र में परास्नातक हूँ। जर्मन भाषा में इस विषय पर बहुत अच्छी कई पुस्तकें प्रकाशित हुई हैं। मैं चाहता हूँ कि उनका जापानी में अनुवाद करूँ, ताकि मेरे देशवासी उससे लाभ उठा सकें।''

उस वृद्ध के उत्साह और देशवासी के प्रति लगाव को देखकर स्वामी रामतीर्थ उसके आगे श्रद्धा से झुक गए और उसके पैर छूते हुए बोले, **''मैं समझ गया कि अब जापान को आगे बढ़ने से कोई नहीं रोक सकता।''**

शाह अशरफ अली

शाह अशरफ अली सन्त स्वभाव के थे। एक बार वे रेलगाड़ी से सहारनपुर से लखनऊ जा रहे थे, पर उनके पास निर्धारित वजन से अधिक सामान था। उन्होंने कुछ सामान उन्हें छोड़ने आए परिजनों को वापस करना चाहा। संयोग से गाड़ी का गार्ड वहीं खड़ा था। वह शाह को जानता था। शाह का सामान लौटाते देख बोला—सामान बुक कराने की जरूरत नहीं है, मैं आपके साथ चल रहा हूँ। शाह ने चकित होकर पूछा—तुम कहाँ तक चलोगे? गार्ड बोला—मैं बरेली तक जा रहा हूँ, पर चिन्ता मत करें आगे के लिए मैं दूसरे गार्ड को बता दूँगा, वह सामान सकुशल लखनऊ पहुँचा देगा। ''फिर आगे क्या होगा?'' शाह ने पूछा। सवाल अटपटा था। ''पर आप तो लखनऊ तक ही जा रहे हैं न'' गार्ड ने पूछा। मुस्कुराते हुए शाह बोले—**''बरखुरदार, जीवन का सफर बहुत लम्बा है। वह तो खुदा के पास तक जाएगा। तुम्हारी थोड़ी-सी हमदर्दी के लालच में मेरा ईमान डोल गया तो मैं अपना सफर कैसे पूरा करूँगा?''**

अर्नेस्ट हेमिंग्वे

वह स्कूल का एक मेधावी छात्र माना जाता था। एक बार स्कूल में कहानी प्रतियोगिता आयोजित की गई। कहानी लिखने के लिए महीने भर का समय दिया गया। केवल उस छात्र को ही नहीं, बल्कि उसके साथियों तथा अध्यापकों को भी विश्वास था कि पुरस्कार उसी को मिलेगा। परन्तु उस छात्र को केवल एक कहानी लिखने के लिए महीने भर का समय देना भारी मूर्खता प्रतीत हुई।

जब दो दिन रह गए तो उसने आनन-फानन में एक कहानी लिखी और दे दी। जिस दिन पुरस्कार की घोषणा होनी थी उस दिन वह छात्र बड़े उल्लास के साथ स्कूल पहुँचा, परिणाम घोषित हुआ। प्रथम पुरस्कार उसे नहीं किसी अन्य छात्र को मिला था। उदास होकर वह घर चला गया और रोने लगा। बड़ी बहन ने भाँप लिया और बोली—"पुरस्कार नहीं मिला इसलिए रो रहा है? यह तो मैं पहले ही जानती थी। महीने भर का काम तू दो दिन में करेगा तो और क्या होगा?" फिर वह स्नेहपूर्वक बोली—"अब रोने से क्या लाभ? अगर सचमुच तुझे पराजय का दुःख है तो इसे आगे बढ़ने की पहली सीढ़ी मान ले। भविष्य में इस भूल को मत दोहराना" बड़ी बहन ने उसकी आँखें खोल दीं। आगे चलकर यही छात्र अर्नेस्ट-हेमिंग्वे के नाम से विश्व-प्रसिद्ध साहित्यकार हुआ। बाद में साहित्य का नोबेल पुरस्कार भी उसे मिला।

योग गुरु बाबा रामदेव

जब चारों ओर भ्रष्टता, आपराधिक प्रवृत्ति, बेईमानी, स्वार्थपरता व्याप्त हो, ऐसे में एक व्यक्ति, सबों से अलग हटकर, गुरुकुल से प्राप्त योग शिक्षा का उपयोग, परमार्थ हेतु करे तो लोग उसे पागल या दिवाना ही कह सकते हैं। **ऐसे व्यक्ति का नाम, आज देश के हर व्यक्ति की जुबान पर है और वह कोई और नहीं योग गुरु बाबा रामदेव हैं।**

बहुत ही गरीब परिवार में हरियाणा राज्य के वांरनौल में जन्मे रामदेव को जन्म के कुछ माह बाद ही लकवा हो गया था। आठवीं तक स्कूली शिक्षा के बाद, उन्होंने गुरुकुल से शिक्षा प्राप्त की, और योग-विद्या का गहन अध्ययन करने के बाद, उन्होंने हरिद्वार में **पतंजलि योगपीठ ट्रस्ट** बनाया। आज पिछले कई वर्षों से वे देश-विदेश में जगह-जगह कैम्प लगाकर, योग की शिक्षा प्रदान कर रहे हैं। लगभग 10 करोड़ लोगों को वे योग की सरल क्रियाओं से अवगत करा चुके हैं। स्वामी रामदेव द्वारा प्राणायाम, अनुलोम-विलोम क्रिया एवं कपालभाति से न केवल एक सामान्य व्यक्ति को स्वास्थ्य लाभ हुआ है अपितु जो वर्षों से विभिन्न साध्य-असाध्य बीमारियों से ग्रस्त थे, उन्हें भी लाभ प्राप्त हुआ है। बाबा रामदेव जी ने जो किया है वह कोई अन्य महात्मा, धर्माचार्य नहीं कर सका। यह उनकी महानता, उनकी निस्वार्थता एवं परमार्थता का परिणाम है। धन्य हैं बाबा रामदेव।

किसान और बादल—एक बार एक गाँव में अकाल पड़ा। पड़े-बड़े पण्डितों और ज्योतिषियों ने भविष्यवाणी की–''इस गाँव में चौदह वर्षों तक जल नहीं बरसेगा।'' गाँव के लोगों ने अपने खेत-खलियानों पर जाना बन्द कर दिया। लेकिन उसी गाँव का एक किसान रोज अपने खेतों पर जाता और काम करता रहा।

एक दिन जब वह काम कर रहा था तभी उसके ऊपर आकाश में कुछ बादल आकर रुके। वे कहने लगे—किसान, हमको चौदह वर्ष तक बरसना नहीं है। फिर तुम बेकार में इतनी मेहनत क्यों कर रहे हो? किसान बोला—प्रिय बादलों, मैं इसलिए परिश्रम कर रहा हूँ कि कहीं चौदह वर्षों में परिश्रम का अभ्यास न छूट जाए।

किसान की बातों से बादल बड़े खुश हुए। वे उसके खेतों के ऊपर बरसने लगे। यह देखकर किसान बोला—बादलों, तुम्हें तो चौदह वर्षों तक बरसना नहीं था, फिर अचानक क्यों बरसे? बादलों ने उत्तर दिया, इसलिए कि कहीं इन चौदह वर्षों से हमारा भी बरसने का अभ्यास न छूट जाए।

अल्बर्ट आइंस्टीन

अल्बर्ट तीन साल की उम्र तक बोलना नहीं सीख पाए थे और पढ़ाई में भी बहुत कमजोर थे। आइंस्टीन को जीवन के हर मोड़ पर अयोग्य समझा गया, लेकिन सबसे बड़ी बात यह है कि उन्होंने स्वयं को कभी भी अयोग्य नहीं समझा। उन्होंने सापेक्षता का सिद्धान्त दुनिया के सामने रखा और वर्ष 1921 में भौतिकी का नोबेल पुरस्कार हासिल किया। सदी के सबसे बुद्धिमान वैज्ञानिक के तौर पर वे एक प्रतीक बन गए।

सुप्रसिद्ध अंग्रेज अभिनेता टाल्या

सुप्रसिद्ध अंग्रेज अभिनेता 'टाल्या' के स्वास्थ्य एवं सौन्दर्य से प्रभावित होकर, डायरेक्टर ने उसे रंगमंच पर पहुँचा दिया, लेकिन उस बेचारे से न ठीक ढंग से बोला गया न नाचा गया। डारयेक्टर ने उसे झिड़ककर नीचे उतार दिया। कई लोगों की शिफारिश के कारण एक बार फिर 'टाल्या' को डायरेक्टर ने अवसर दिया। लेकिन वह फिर असफल रहा। डायरेक्टर ने डाँटकर कहा, ''अब दोबारा यहाँ आने का प्रयास मत करना।'' 'टाल्या' फिर भी हिम्मत नहीं हारा, कुलियों जैसे सामान उठाने के छोटे-छोटे पार्ट अदा करते-करते एक दिन सुप्रसिद्ध अभिनेता बन गया। किसी ने पूछा—''तुम्हारी सफलता का रहस्य क्या है?'' तो उसने हँसकर कहा—''जितनी बार गिरो—उतनी बार उठो, यह सिद्धान्त स्वीकार कर लो तो आप भी अवश्य सफल होंगे।

सुनीता विलियम्स *सफलता का राज मेरी विफलता ही है*

अन्तरिक्ष में सबसे अधिक समय तक रहने का रिकॉर्ड बनाने वाली सुनीता विलियम्स का कहना है कि उनकी सफलता का राज उनकी विफलता ही है। शायद बहुत कम लोगों को पता होगा कि सुनीता विलियम्स, पढ़ाई में बहुत होशियार नहीं रही हैं। वे एक कक्षा में फेल भी हो गई थीं।

जब आप अपनी सफलताओं से सीखते हैं, उनसे ऊपर उठते हैं और आगे बढ़ते हैं, इससे आप सम्भवत: एक अच्छे एवं सफल इनसान बन सकते हैं। अन्तरिक्ष में सबसे अधिक समय तक रहने का रिकॉर्ड बनाने के बाद पहली बार प्रेस से मिली सुनीता ने यह बात एक प्रश्न के जवाब में कही। वस्तुत: असफलता को जब मेहनत एवं लगन से, नवाजा जाता है तो एक दिन वह असफलता, चेतन शक्ति में बदल जाती है। वस्तुत: जिसने असफलता के कारणों का उचित ढंग से अवकलन कर लिया एवं अपने परिश्रम, दृढ़निश्चय एवं अदम्य साहस से उन कारणों का निराकरण करते हुए जो आगे बढ़ गया वही सफल हुआ।

शिक्षा में ड्राप आउट कहलाने वाले बिल गेट्स ने कम्प्यूटर क्षेत्र में क्रान्ति का बिगुल बजाया। मिसाइल बनाने में 35 बार विफल रहने वाले डब्ल्यू वोन ब्राइन मिसाइल के जनक माने जाते हैं। मास्टर ब्लास्टर के नाम से विख्यात सचिन तेन्दुलकर पढ़ाई के मामले में भले ही 12वीं तक भी नहीं पहुँच पाए लेकिन उनके द्वारा गढ़ा गया रनों का हिमालय, अन्य के लिए चढ़ पाना असम्भव नहीं तो बहुत कठिन अवश्य है।

याद रखें

सफलताओं से मुकाबला करने वाला ही एक दिन सफल होता है।

मुहम्मद अली

गरीब पेन्टर के बेटे अली ने बचपन से बॉक्सर बनने का सपना पाला। वियतनाम युद्ध के समय अली ने युद्ध में जाने से इनकार कर दिया तो उन्हें बॉक्सिंग से बहिष्कृत कर दिया गया। तीन साल बाद वे लौटे और उनके खाते में तीन बार विश्व हैविवेट खिताब दिया गया।

डेमोस्थनीज

डेमोस्थनीज बचपन में अटक-अटक कर बोलते थे, हकलाते थे और जब बोलने की कोशिश करते थे तो उनका चेहरा विकृत हो जाता था। उन्होंने शीशे में देखकर बोलने और हकलाहट दूर करने के लिए मुँह में पत्थर रखकर बोलने का अभ्यास किया। यह प्रयास काम आया और वे सदी के महानतम् वक्ता बने।

कार्य योजना

जीवन का उद्देश्य **सफल** होना है।
उस **मंजिल** को पाना है जिसे आपने अपना **उद्देश्य** बनाया है।

सोचें...
और उन बातों को यहाँ अंकित करें जो आप अपने लिए सोचते हैं।

1. ....

2. ....

3. ....

www.ingramcontent.com/pod-product-compliance
Lightning Source LLC
LaVergne TN
LVHW010331200726
843507LV00010B/1441